G. 583.
9 L.

10892

# NOUVEAU VOYAGE AU TOUR DU MONDE.

## PAR M. LE GENTIL.

Enrichi de plusieurs Plans, Vûës & Perspectives des principales Villes & Ports du Pérou, Chily, Bresil, & de la Chine.

### AVEC

Une Description de l'Empire de la Chine beaucoup plus ample & plus circonstanciée que celles qui ont paru jusqu'à present, où il est traité des Mœurs, Religion, Politique, éducation & commerce des Peuples de cet Empire.

## TOME SECOND.

A AMSTERDAM,
Chez PIERRE MORTIER.

M. DCCXXVIII.

# TABLE
## DES MATIERES
### Du second Volume.

#### A

ADOPTIONS des Chinois, 56. & *suivantes.*

*Adultere*, de quelle façon on punit ce crime à la la Chine, 66

*Age* prescrit par la Loi pour le mariage. 58

*Arts & Sciences* des Chinois, 110. & *suiv.*

*Avanture* de l'Auteur avec un Bonse chez qui il étoit logé, 182. & *suiv.*

*Autorité* des Chinois sur leurs enfans, &c. 53

l'*Auteur* quitte Emouy, 214. Mauvaise foi des Marchands Chinois, *ibid.* & *suiv.* Il est prié d'un repas par le Titô d'Emouy, 219. & *suiv.*

#### B

BANBOUC, Arbre de la Chine, utilité que les Chinois en retirent. 6

*Bâtimens* des Chinois, 114. leurs maisons sont construites de bois, *là-même.* peu magnifiques, 115. elles n'ont qu'un étage, *là-même.*

Le *Bethel*, Arbrisseau, sa Description, 8. les Chinois s'en servent de préservatif contre plusieurs

# TABLE

sieurs maladies, *Ibid.* & en usent en guise de Tabac, *Ibidem.*

Beurre, les Chinois ne savent pas le faire. 20

Bonzes, troisiéme Secte des Chinois, 155. reconnoissent *Foë* pour leur Fondateur, 156. Histoire de cet Imposteur, *Ibid.* admettent deux Dieux, un bon & un mauvais, à l'imitation des Manichéens, 162. ajoûtent de nouvelles erreurs au systême de *Foë*, *ibid.*

Bonzes, leurs fonctions, 174. peu estimez du Peuple, & pourquoi, *là-même.* Détail de leurs Dignitez, *ibid.* leur Noviciat très-rude, *Ibid.* façon de recevoir un Novice, 174. *& suiv.* sont obligez de garder la continence, 176. affectent un air grave & retiré, & n'en sont pas plus sages, 177. peuvent quitter leur profession, *là même.* S'attribuent l'art de deviner, de quelle façon ils s'y prennent pour consulter la Divinité, 177. & 178. sont punis très-severement lorsqu'ils ont commerce avec une femme, 178. Histoire de la fille d'un Docteur Chinois, qui fut enlevée dans un Pagode par un Bonze, 179. *& suiv.* punition du Bonze & de ses Camarades, 181. *& suiv.*

## C

CALAMINA, Ville détruite par les François, où l'on montroit une Pierre marquée de plusieurs Croix, &c. 188. 189

Le Pere *Castorano*, Religieux Italien, arrive à Pekin avec ordre de publier la Bulle, 207. Il la publie malgré les remontrances des PP. Jesuites Portugais & François, 208. *& suiv.* l'Empereur irrité de cette Publication, le fait arrêter. 210

Cérémonies qui s'observent dans les visites que les Chinois se rendent les uns aux autres, 29 *& suiv.*

*Céré-*

# DES MATIERES.

*Cérémonies* observées avant le mariage des Chinois 78. *& suiv.*

*Charlatans*, qui se mêlent de prédire l'avenir, 164. crédulité du Peuple pour leurs impostures, *Ibid.* Avanture de l'Auteur avec un de ces Charlatans, qui demeuroit sous le Portique d'un Temple d'Emouy. 165

*Chevaux* Chinois, 21. on ne les ferre point, *Ibid.*

*Chine*, 2. son climat & sa fertilité, *ibid.* ses fruits, 4. ses plantes médicinales, 6. ses mines, 12. sa monnoye, 13. ses Manufactures de soyes. 14. sa porcelaine, 15. La terre y produit deux fois l'année, 16. commoditez de ses chemins publics, 20. les Voitures plus communes sont les Chaises à Porteurs, 21. Il n'y est point permis de se servir de la Poste, elle est reservée à l'Empereur, *Ibid.*

*Chinois*, sont d'une constitution robuste, 3. leurs façons de vivre, & leurs politesses en differentes occasions, 24. *& suiv.* usage observé lorsqu'ils se rencontrent, 25 quand ils se nomment, 25. 26. *ibid.* lorsqu'ils se visitent, 28. façon dont ils mangent ensemble, 35. & dont ils se prient à manger. 33

*Coaginpussao*. Divinité reverée par les Bonzes, 158. representée dans les Temples ou Pagodes sous la figure d'une femme qui tient un enfant dans ses bras, *Ibid.* son Histoire, 159. elle fait construire un Pont dans la Province de Fokien par un plaisant stratagême, 159. *& suiv.*

*Comédiens* Chinois. 36

*Comparaison* de la Langue Chinoise avec les Européannes, 119. *& suiv.*

\* 3 Concu-

#  TABLE

*Concubines* Chinoises, 62. ne font point regardées avec mépris, 63. dépendantes de la femme légitime. 64

*Confucius*, fa naiſſance, 125. fa fageſſe dans fon enfance, *Ibid*. Il compoſe un Recueil de Vertus Morales à quinze ans, *ibid* ſe marie à vingt, 126 fait un grand nombre d'ouvrages, *ibid*. extrait de fa Morale, *Ibid*. fa Doctrine lui attire des Diſciples, *là-même*. Ses Livres deviennent le fondement de la Religion des Savans, *Ibid*. Les Peuples de Xantung qui ſuivoient ſes Maximes ſe livrent à la moleſſe, *ibid*. il eſt obligé de quitter fa Patrie, 127. il voyage long tems & éprouve toute l'inconſtance du ſort, *Ibid*. fa modeſtie & fa patience, *là même*. Il s'attire cependant beaucoup de Diſciples qui éterniſent ſon nom & fa memoire, *Ibid* les Miſſionnaires ne ſont pas tous d'accord ſur ſes vertus, 128. Il meurt âgé de ſoixante & quatorze ans, *ibid*. Une prédiction qu'il fait en mourant jette les Chinois dans l'Idolatrie, & comment, 128. *& ſuiv.*

*Culte* des Lettrez. 139

## D

**D**EFAUTS de la Langue Chinoiſe, 118. le nombre de ſes Caracteres la rend pleine d'équivoques, *ibid* chaque Province a ſon langage ou jargon particulier, 119. ce n'eſt qu'en l'écrivant qu'on la peut entendre, *Ibid*.

*Deuil* des Chinois, 74 il dure trois ans pour un pere, 75 rompt les engagemens pris pour un mariage, *là-même*.

*Divorce* des Chinois, 67. en quel cas la Loi le permet, *ibid. & ſuiv.*

## DES MATIERES.

### E

Epoque de la Religion Chrétienne prêchée à la Chine, 188. Differentes Traditions & opinions sur ce sujet, *ibid.*

Etat present du Christianisme de la Chine, 193 division des Missionnaires, 194. Les nouveaux Missionnaires désaprouvent les anciens, & les Cérémonies que les Néophytes pratiquent, 195. Les Jesuites regardent ces Cérémonies comme étant purement civiles, *ibid.* La division s'augmente, l'Empereur paroit favorable aux Jesuites : la Cour de Rome pense differemment, 196. Elle envoye un Légat chargé de publier ses décisions, là-même : l'Empereur veut en empêcher la publication, il se plaint du Pape, *ibid.* Ses menaces suspendent la dispute, *ibid.* Elle recommence au sujet de la Constitution Ex illa die que le P. Castorano apporte à Pekin, *ibid.* Le Mandarin Litagin donne avis à l'Empereur de la condamnation des Rits Chinois par le Pape, 205. Le Pere Castorano publie la Bulle malgré les Ordres de l'Empereur, 207 les Jesuites l'acceptent, 208. L'Empereur irrité du mépris que le P. Castorano fait de ses Ordres, le fait arrêter, 210. & demande absolument de nouvelles décisions au Pape, 213

Etoffes de la Chine. 14

### F

Femmes Chinoises toûjours enfermées par leurs maris, 42 & 43. n'ont d'autres occupations que d'élever leurs enfans, *ibid.* toûjours séparées des hommes, 43. 44. quelle doit être leur beauté, selon le goût Chinois, *ibid.* On leur tord les pieds dès leur plus tendre enfance pour les leur rendre plus petits, 45. Portrait des

# TABLE

des Dames Chinoises, 46. leurs habillemens, *ibid.* leur coquetterie, 47. leurs défauts, 49. peintures lascives qu'elles ont dans leurs Chambres, *ibid.*

*Fêtes* des Chinois pour appaiser cinq Dieux malfaisans qu'ils nomment les cinq Larrons ou cinq Empereurs, 163. détail de ces Fêtes, 163 *& suiv*

*Foë*, Fondateur de 'a Secte des Bonzes, 155. établit l'Idolatrie pendant sa vie, & l'Atheïsme à l'heure de sa mort, 156 sa Doctrine, *ibid* son Idole est representée dans les Temples ou Pagodes, sous la figure d'un homme d'une grosseur démesurée 158

*Formalitez* observées par les Chinois dans les visites qu'ils se rendent les uns aux autres, 28 *& suiv.*

*Funerailles* des Chinois, 145. par qui & comment elles doivent se faire, 146. *& suiv.*

## G

Ginsen, racine dont les Chinois usent pour se guerir d'une espece de consomption, 116

*Gourgourans*, étoffes de soye de la Chine, 14

*Goût* bizarre des Chinois pour la beauté de leurs femmes. 45

## H.

Habillemens des Chinois, 23 *& suiv.*
*Habillemens* des Dames Chinoises. 46
*Heu* ou *Ty*, titre de la Reine légitime de l'Empereur de la Chine. 62
*Hoenchu*, ou Président du mariage, 61 ses fonctions, *ibidem*.

## I

Idoles des Chinois, 161 leurs differens attributs, 162 *& suiv.*

*Jeu,*

# DES MATIERES.

*Jeu*, fureur des Chinois pour le Jeu. 39
*Ignorance* des Chinois dans les Arts, 111 *& suiv.*
*Imprimerie* des Chinois, étoit peu de chose autrefois, 113 114. augmentée par le commerce des Européans, *ibid.*

## K

Le P. KILIAMSTUMP, conseille au P. Castorano de differer la publication de la Bulle EX ILLA DIE. 209
*Kumdam*, Prêtre Nestorien, qu'on conjecture être l'Auteur de l'Inscription trouvée à Siganfu. 191

## L

LETTRE du Pere Laureaty à l'Auteur. 197
*Lilaokium*, Fondateur de la seconde Secte des Chinois, 154 ses Ouvrages & son système, *ibid.* Ses Sectateurs lui dressent un Temple, *ibid* leur Morale. 155

## M

MANDARIN, ne peut exercer la Magistrature dans la Ville & dans la Province où il est né, 73 condamné à quatre-vingt coups de bâton s'il prend une Concubine dans le Territoire dont il est Magistrat. 74
*Mariage* des Chinois, 53 de quelle façon les peres accordent le mariage de leurs enfans, 59. est suspendu dans le tems du deuil, 74 interdit entre les personnes d'une même famille, & d'un même nom. 76
*Mines* de la Chine 12
*Missionnaires* de la Chine, leurs disputes. 195
*Monnoye* courante des Chinois, 13. 14 leurs differens noms, *ibidem.*

*Monu-*

# TABLE

*Monument* trouvé dans la Ville de Siganfu, Capitale de la Province de Xienſi. 190 191
*Muſique* des Chinois. 35 36

## N

*N*ANKIN, Province de la Chine. 9

*Nerfs* de Cerf, ragout Chinois. 18 19
*Nids* d'oiſeau, ragoût Chinois. *ibid.*
*Noms*, differens noms que les Chinois ſe donnent. 25. 26

## O

*O*CCUPATIONS des Bonzes dans leurs Pagodes 181
*Olupuen*, Prêtre de Syrie, prêche l'Evangile aux Chinois, 192. eſt perſecuté par les Bonzes, *ibidem*
*Origine* de l'Idolatrie, & de la Religion des Bonzes, 129. *& ſuiv.*

## P

*P*AGODE, ceux de la Chine. 166 Leur magnificence. *ibid.* principal Pagode de l'Iſle d'Emouy, ſa Deſcription 168
*Pagode* de dix mille pierres 173
*Philoſophie* des Chinois 190 ils admettent le ſyſtême de Pythagore. 124.
*Poiſſons* bigarrez de cent couleurs differentes, dont les Chinois font grand commerce 19
*Polygamie* severement punie à la Chine 64
*Pont* de la Province de Fokien, conſtruit par Coanginpuſſao. 159 160
*Porcelaine* de la Chine, 16 celle du Territoire de *Yaocheu* eſt la plus belle, *ibid.* ſe donne à bon marché, *ibid.* la jaune eſt reſervée pour l'Empereur, *ibid.*

*Por-*

# DES MATIERES.

*Portrait* des Chinois. 21. 22

## Q

QUINA, herbe médicinale de la Chine. 7

## R

RAGOUTS Chinois, 18 *& suiv.*
*Refléxions* de l'Auteur sur les usages & les mœurs des Chinois, 98 *& suiv.*
*Relation* publiée à Pekin par les Peres-Jesuites, à l'occasion de la Bulle EX ILLA DIE. 205
*Repas* des Chinois, 32 *& suiv.* coûtumes qui s'observent, *ibid* de quelle façon ils s'y invitent, 33 *& suiv.*
*Rite* Chinois sur le mariage, 53 autorité qu'il donne aux peres sur leurs enfans, *ibid.*

## S

SACRIFICES solemnels que les Chinois offrent deux fois l'an à Confucius, 134 *& suiv.* de quelle façon ils y procedent, *ibid.*
*Santum*, herbe médicinale de la Chine. 7
*Secte*, differentes sectes des Lettrez. 129. Extrait des principaux points de leur Morale, 129. *& suiv.*

## T

TABAC commun à la Chine, 16. les Chinois ne s'en servent qu'à fumer, *ibidem.* façon de le preparer, *ibid*
*Temple* des Lettrez dédié à Confucius, 134 il y en a dans chaque Ville de la Chine, *ibid.*
*Temple* des Esprits des Ayeux du Titô d'Emouy, 140. Sa Description, 141 recit d'un Sacrifice solemnel, 141. *& suiv.*
*Thecha* ou *Thé*, sa description, 8. 9. son usage, 9 le meilleur croît dans la Province de Nankin, 9.

Diffe-

# TABLE DES MATIERES.

Differentes sortes de Thé, 10. le Thé verd est le plus recherché, *ibid.* façon dont les Chinois en usent, *ibid.*

## V

Vernis de la Chine, 17. ce que c'est, *ibid.* perd de sa qualité en le transportant, *ibid.*

Vers à soye de la Chine, 15. en usage dans le Païs deux mille ans avant J. C selon les Chinois, *ibid.*

Vers dont la Cire est plus blanche, & jette une lumiere plus vive, 7. façon dont on les eleve, *ibid.*

## X

Xiensi, Province de la Chine.            190

## Y

Yaocheu, Ville du second ordre de la Province de Kiamsi, 16. La plus belle Porcelaine s'y fabrique, *ibid.*

*Yn* & *Yang*, Dieux des Chinois, l'un bon & l'autre mauvais.            162

*Tumlò*, Empereur de la Chine, choisit quarante deux Docteurs pour former un Corps de doctrine, tiré des Ouvrages de Confucius.            129

## Z

Zinzin, mot Chinois, qui exprime des politesses,            24 & 29

### FIN.

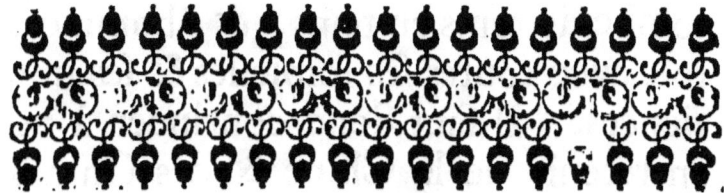

# NOUVEAU VOYAGE AU TOUR DU MONDE.

## LETTRE NEUVIE'ME.

*A Emouy le 25. de Novembre 1716.*

Tous les Vaisseaux qui sont à Canton se disposent à partir, Monsieur, tandis que trompez, trahis par les Chinois, nous courons risque d'hyverner ici & de perdre la saison de retourner en Europe. Je m'apperçois que la Philosophie ne nous sert que contre les maux que nous ne sentons pas. Mon masque de Philosophe tombe de tems en tems, & l'homme paroît avec toutes ses foiblesses & ses impatiences. Il faut donc continuer à vous entretenir de la Chine & des Chinois, vous parler de la fertilité de ce pays, des usages particuliers de ces peuples, & vous donner enfin une idée generale de leur maniere de vivre.

Tous les voyageurs conviennent que la Chine est un pays qui abonde plus qu'aucun autre en toutes les choses qui peuvent contribuer à rendre la vie commode & même délicieuse. J'ai connu des Missionnaires qui ne faisoient aucune difficulté d'avancer que l'Europe, qu'on regarde comme la partie du Monde la plus abondante, n'a aucun avantage sur la Chine; car si sous ce climat, disoient-ils, vous ne voiez pas certains fruits, & autres choses semblables qui sont communes en Europe, il y en a une infinité d'autres que l'Europe n'a jamais produit, & qu'elle ne sauroit produire.

Tout le pays en general est fertile en toutes sortes de grains. Il produit du froment, de l'orge, du mil, du segle, & le ris, qui est la nourriture la plus ordinaire des Chinois, y est beaucoup meilleur que celui qu'on nous apporte d'Italie

lie & du Levant. Les legumes y sont si communes qu'on les donne aux Troupeaux; la terre les produit deux & trois fois chaque année dans la plûpart des Provinces, ce qui prouve autant l'industrie de ces peuples que la fecondité de la terre.

Les Chinois sont d'une constitution robuste; toûjours actifs, toûjours laborieux, ils endurcissent leurs corps au travail. Ils n'ont point la molle indolence des autres Orientaux, & il n'y a aucun peuple dans les Indes qui soit plus appliqué & plus ennemi de l'oisiveté. La terre est cultivée avec un soin merveilleux. Le terrain le plus ingrat devient fertile par leur travail. La cime des montagnes, les collines, les vallées & les plaines abondent en ris & en bled. J'ai vû des champs arrosez d'une eau étrangere, que les laboureurs faisoient descendre du haut des montagnes par des canaux ménagez avec tant d'art, que cette eau loin de causer le desordre & le ravage qu'elle cause quand elle tombe avec impétuosité, portoit la fertilité & l'abondance dans les lieux les plus arides. Les plaines sont coupées par des ruisseaux que l'art a distribué, non-seulement pour humecter la terre,

mais

mais encore pour procurer l'agrément & la commodité.

Il y a plusieurs sortes de fruits, des poires, des pommes, des coins, des citrons, des limons, des figues appellées bananes, des cannes de sucre, des goyaves, des raisins, des citrouilles, des concombres, des noix, des prunes, des abricots, des cocos, mais on n'y voit ni olives, ni amandes. Les figues qu'on y a transporté d'Europe, n'ont point degeneré sous ce climat. Vous savez, Monsieur, la réputation que les oranges de la Chine se sont acquises en Europe; elles sont ici aussi communes que les pommes en Normandie, & à un si bas prix, que pour dix sols on en peut avoir la charge d'un cheval. De tous les fruits qui nous sont inconnus & qui sont communs en ce pays, le *Mangle* & le *Licy* ou *Litchy* m'ont paru les meilleurs. Le Mangle ravit par son odeur. Sa chair est jaune & pleine d'un suc si acide, que les taches qu'il fait sont ineffaçables. Son noyau est un remede certain contre le flux de sang. Le *Litchy* a le goût du raisin muscat; il est de la grosseur d'une prune, ou d'une nefle. Son écorce est rude, quoi qu'elle soit assez fine. Sa chair est ferme

&

& a la couleur d'un raisin dont on a ôté la pelure. Le noyau est gros & noir. Quand on a fait sécher ce fruit, il a le goût du raisin sec. Les Chinois en conservent toute l'année, & le mêlent avec le thé à qui ce fruit donne alors un petit goût d'aigreur fort agreable.

On trouve encore communément dans toutes les Provinces de la Chine des grenades, des grenadilles, des ananas, des avogados, & autres fruits semblables qui croissent dans toutes les Indes tant Orientales qu'Occidentales. Outre les fruits, la terre produit encore des herbes semblables aux nôtres, des laitues, des épinars, des choux, & toutes sortes de racines.

Les cannes de sucre se cultivent dans presque toutes les Provinces méridionales, & le sucre candy ne se vend que quatre sols la livre aux Europeans, c'est-à-dire que les naturels du pays l'achettent encore à meilleur marché. La populace mange beaucoup de ces cannes, & j'ai été surpris que l'usage de ce fruit qui est pernicieux & nuisible à la santé dans nos Colonies Françoises, ne cause ici aucune maladie.

Il n'y a point de chênes à la Chine,

mais il y a une espece d'arbre que nous appellons arbre de fer à cause de sa dureté, & qui supplée au défaut du chêne. Il y a des pins, des frênes, des ormeaux, des palmiers & des cedres. Les Chinois regardent ce dernier arbre comme nous regardons le cyprès; c'est l'arbre fatal; ils s'en servent pour inhumer les morts.

L'arbre le plus commun & le plus utile est le *banbouc*, dont les branches ressemblent à des roseaux. C'est un bois dur & creux, qui a des nœuds & des jointures comme le roseau. Les Chinois en font leurs lits, leurs tables, leurs chaises, des éventails, & mille autres ouvrages qu'ils couvrent d'un beau vernis.

Il y a aussi des herbes & des racines medicinales qui seroient inconnues en Europe, si notre commerce avec les Chinois ne les y avoit fait connoître. La rhubarbe est la principale & la plus celebre. Elle se vend ici à un très-bas prix, & il semble que les Chinois n'en connoissent l'usage que pour les teintures jaunes. Je ne saurois leur pardonner de nous vendre cette racine, après en avoir extrait presque toute la
ver-

vertu par leurs teintures. En effet, quelle vertu n'auroit-elle point, si nous pouvions l'avoir dans toute sa perfection. Je ne parle point du *Quina*, du *Santum* si connu en Portugal, & de cent autres racines ou herbes que la Pharmacie employe quelquefois bien, quelquefois mal-à-propos à la guerison de nos corps.

On trouve ici plusieurs especes de cire. Outre celle que forment les abeilles du suc des fleurs, il y en a une autre qui est beaucoup plus blanche, & qui répand une lumiere plus claire & plus éclatante. Elle est l'ouvrage de certains petits vers qu'on éleve sur des arbrisseaux, à peu près comme on éleve les vers à soye.

Je n'ai pas vû beaucoup de fleurs dans la Province de Fokien, mais quand on ne m'auroit pas assuré qu'il y en a de toutes les especes dans les Provinces plus septentrionales, les ouvrages en broderie où l'on voit des fleurs dont les nuances & les couleurs sont charmantes, me persuaderoient assez qu'il a fallu que la nature en ait produit les modeles.

Les Chinois, à l'imitation de presque

que tous les peuples Orientaux, uſent de la feuille de bethel comme d'un remede ſouverain contre toutes les maladies qui attaquent la poitrine ou l'eſtomac. L'arbriſſeau qui porte cette feuille croît comme le lierre, & ſerpente autour des arbres. Cette feuille eſt d'une forme longue, ayant le bout pointu, & s'élargiſſant vers la queue; ſa couleur eſt d'un verd naiſſant. Ils la couvrent le plus ſouvent de chaux vive, & mettent au milieu une noix d'areca qui reſſemble beaucoup, quant à la figure, à la noix muſcade. Ils machent continuellement ces feuilles, & ils prétendent que cette compoſition fortifie les gencives, conforte le cerveau, chaſſe la bile, nourrit les glandes qui ſont autour de la gorge, & ſert de préſervatif contre l'aſthme, maladie que la chaleur de ce climat rend fort commune dans les Provinces méridionales. Ils portent le bethel & l'areca dans des boëtes, & offrent ces feuilles quand ils ſe rencontrent de la même maniere que nous offrons le tabac.

Le Thé qui eſt la boiſſon favorite des Chinois, s'appelle ici *Tecba*. Ce ſont les

les feuilles d'un arbuste qui ressemblent à celles du grenadier, mais dont l'odeur est plus agréable, quoique le goût en soit plus amer. Je ne vous parlerai point de la maniere dont les Chinois preparent cette boisson: personne ne l'ignore aujourd'hui en France, où le Thé est devenu autant à la mode que le chocolat l'est en Espagne. J'ai pourtant observé que quoique les Chinois boivent du thé du matin au soir (car il est rare qu'ils boivent de l'eau froide & pure) ils n'en prennent que très peu à la fois & dans de très-petites tasses. Ils nous regardent comme des gourmands, & prétendent que cette boisson ne nous fait pas tout le bien qu'elle nous feroit si nous en usions à petits coups & souvent.

Le thé le plus excellent croît dans la Province de Nankin: je n'en ai vû que deux ou trois plantes dans le jardin du *Tito* d'Emoüy. L'arbrisseau qui le produit s'étend en petites branches: sa fleur tire sur le jaune & a l'odeur de la violette. Cette odeur est sensible lors même que la fleur est seche. La premiere feuille naît & se cueille au printems, parce qu'alors elle est plus molle, & plus délicate. On la fait sécher à petit feu dans un vase de grosse terre, & on la roule ensuite sur des nattes couvertes de coton. On la transporte par tout l'Empire dans des boëtes de plomb garnies d'osier & de roseaux.

Au reste il y a du thé plus ou moins estimé ; celui que nous appellons imperial est le plus cher, & à mon avis le moins bon : ses feuilles sont plus larges, mais aussi elles sont plus ameres que les feuilles du thé vert ordinaire. Il faut aussi remarquer que les Chinois gardent pour eux le meilleur thé, & que celui que nous apportons en Europe, lequel coute ici 25. 30. & 35. sols la livre, a souvent bouilli plus d'une fois dans les theyeres Chinoises. Ils prétendent de plus qu'on doit boire le thé sans sucre, surtout le verd. Ceux qui y trouvent trop d'amertume se contentent de mettre dans leur bouche un morceau de sucre candy qui suffit pour huit ou dix prises. J'ai éprouvé qu'en effet le thé pris en cette maniere étoit beaucoup plus agréable & même plus sain.

Je ne sai si je dois donner le nom de vin à la liqueur dont ils usent dans
leurs

leurs repas. Elle eſt faite de ris & d'eau. Je la trouve fort inferieure au cidre & à la biere, & elle me paroît déteſtable quand elle eſt chaude : ils pretendent qu'elle eſt très-ſaine. Je me ſuis néanmoins apperçû que le jus de la treille leur plaît pour le moins autant.

Quoiqu'ils ayent quelques vignes, ils en négligent la culture, ſoit qu'ils ne ſachent pas vendanger, ſoit que la qualité du terroir ne permette pas que le raiſin parvienne à une entiere maturité. Ils font chauffer l'eau & le vin, & generalement toutes les liqueurs dont ils uſent; & ce n'eſt que depuis quelques années qu'on s'eſt accoûtumé à boire à la glace dans la Province de Pekin : cette coûtume n'ayant point encore penetré dans les Provinces meridionales. Je ne ſai ſi je dois attribuer à cette habitude de boire chaud la ſanté dont ils jouïſſent. La goute & la gravelle ſont des maux qui leur ſont inconnus. Ils ne laiſſent pourtant pas de boire avec excès de ce vin de ris : ils s'enyvrent même aſſez ſouvent, mais ils attendent la nuit, ne pouvant ſouffrir que le Soleil ſoit témoin de leur intemperance.

Il y a dans cet Empire des mines de divers metaux d'or, d'argent, de cuivre, de fer, de plomb, d'étain, &c. Outre le cuivre ordinaire il y en a de blanc, qui eſt ſi fin & ſi purifié, qu'il a à la touche de l'argent. Les Japonnois en apportent à la Chine d'une autre eſpece, qui eſt jaune & qui ſe vend en lingot. Il a à la touche de l'or, & les Chinois s'en ſervent à pluſieurs ouvrages domeſtiques. On pretend que ce cuivre n'engendre point de verd de gris.

L'or de la Chine eſt moins pur que celui du Breſil, mais auſſi toute proportion gardée on l'achette bien moins cherement, & il y a 70. pour cent à gagner quand on l'apporte en Europe. Les Chinois ont quelque vaſe d'or ou d'argent, mais ce n'eſt pas en cela qu'ils font conſiſter leur plus grand luxe.

J'ai ouï dire que les Empereurs Chinois des anciennes Races avoient interdit à ces peuples le travail des mines d'or, & que le fondement de cette loi étoit, qu'il n'étoit pas naturel de rendre cet Empire floriſſant en expoſant les peuples à la mort, que cauſent les vapeurs malignes qui ſortent de la terre. Aujourd'hui l'on eſt moins ſcrupuleux, & il eſt certain que
les

les Chinois font un très-grand commerce d'or; mais il faut être bon connoisseur pour se fier à eux, à cause de la grande ressemblance qu'il y a entre l'or & ce cuivre jaune du Japon dont j'ai parlé.

Leurs Rois, dit le P. Martini, n'ont jamais voulu permettre qu'on battît de la monnoye d'or ou d'argent, afin de prévenir les fraudes ordinaires de cette Nation qui est fort habile au gain. Ils reçoivent & donnent l'or & l'argent au poids, & ils distinguent très-bien s'il est pur ou s'il y a de l'alliage. Quelquefois ils se servent de l'or dans leurs achats, mais en ce cas il passe pour marchandise & non pour monnoye. Delà vient que l'argent est continuellement coupé en petits morceaux.

Il n'y a point d'autre monnoye courante que certaines pieces de cuivre plattes & rondes, avec un trou quarré au milieu pour les enfiler plus commodément. Tout s'achette & se vend au poids. Le *Pic* ou quintal est de cent *catis* ou livres, le *Caty* de 16. *Taels* ou onces, le *Taël* de 10. *masses* ou gros, la *Masse* de 10. *condorins* ou sols, le *Condorin* de 10. *petits* ou deniers, qui sont ces pieces de cuivre. Ainsi il faut mille Petits pour faire un taël dont la valeur est de 5. livres de notre monnoye ; le poids de la Chine surpasse le nôtre de 24. pour cent.

Chacun porte sa balance & pese ce qu'il achette & ce qu'il vend ; il faut pour pouvoir s'en servir que les Commis du Houpou l'ayent examinée. La balance qui sert aux petites emplettes ressemble au Poids Romain, & on la porte dans un petit étuy : elle sert à peser l'argent jusqu'à la concurrence de 25. taëls.

Les Chinois ont plusieurs manufactures d'étoffes de soye, comme Damas pour meubles, & pour habits, des Etamines, des gros de Tours appellez *Gourgourans*, des taffetas, des satins unis & à fleurs, des *Lampas*, des chagrins, &c. Je ne prétens point comparer ces manufactures aux nôtres : neanmoins leurs teintures sont infiniment meilleures, & leurs couleurs primitives sont à l'épreuve de l'eau. Je suis même persuadé que si on vouloit les faire travailler dans notre goût & les payer à proportion de leur travail, ils ne seroient pas inferieurs à nos ouvriers : mais il faut considerer que nous achetons plus cher en Europe la soye brute que nous ne payons à la Chine les soyes mises en œuvre.

Si l'hiftoire de ces peuples eft veritable, ils ont inventé la maniere d'élever les vers à foye deux mille ans avant l'Incarnation de Notre Seigneur. Je laiffe cette queftion à décider aux perfonnes curieufes des Antiquitez Chinoifes, je vous dirai feulement fur la relation de plufieurs Miffionnaires que la Province de Chekiang fournit plus de foye que n'en fournit toute l'Europe enfemble. Les vers la filent deux fois chaque année. On la travaille dans les Provinces de Pekin, de Nankin & de Canton. Si je retournois quelque jour dans ce pays je prefererois les foyeries de Nankin à celles de Canton, parce qu'elles font plus douces & mieux travaillées, & que les ouvriers de Canton mêlent dans les étoffes une partie confiderable de foye cruë & de filofelle.

Comme les Chinois n'ont ni lin ni chanvre, leurs toiles font faites de fil de coton ou d'ortie & font très-fines. Ils font auffi des draps fort legers, dont ils fe fervent en hyver au lieu d'étoffes de foye. Dans les Provinces du Nord ils doublent ces draps de peaux de bêtes, dont les Mofcovites & les Tartares font un grand commerce avec eux.

L'ufage de la Porcelaine eft general
par

par toute la Chine. La plus belle se fait dans le Territoire de *Yaocheü*, Ville du second Ordre de la Province de Kiamsi. On trouve dans la Province de Nankin la matiere dont on la fait, mais comme les eaux n'y sont pas propres à la pétrir, on la transporte à *Yaocheü*. Les paysans de cet endroit font tous les ouvrages de porcelaine que l'on débite dans ce Royaume. C'est un travail long & pénible, & je ne saurois comprendre comment ils peuvent vendre la porcelaine à si bas prix. La plus rare & la plus precieuse est la porcelaine jaune, elle est reservée à l'Empereur. Cette couleur en quelqu'ouvrage que ce soit de soye ou d'autre matiere, lui est affectée & est de contrebande.

Quoique le tabac ne soit pas si generalement en usage à la Chine qu'il l'est en Europe, ce Pays en produit néanmoins une très-grande quantité. On ne le reduit point en poudre, parce qu'on ne s'en sert que pour fumer. On cueille les feuilles lorsqu'elles sont bien mures, & on les carde à peu près comme on carde la laine. On les met ensuite sous un pressoir & on les foule de la même maniere que nos taneurs foulent les têtes de
cuir

cuir dont ils font les mottes à brûler.

Ces beaux ouvrages de vernis que nous prisons tant en Europe, sont ici très-communs & à un prix fort modique, (à moins qu'on n'ordonne aux ouvriers des ouvrages qu'ils n'ont pas coûtume de faire; car en ce cas ils se font bien payer.) Le vernis est un bitume ou une gomme qu'on tire de l'écorce d'un arbre qui ne croît qu'à la Chine & au Japon. Les Hollandois ont en vain tenté de transporter cette gomme en Europe: elle perd sa force au bout de six mois. Toutes les tables & les meubles des Chinois sont enduits de ce vernis, lequel est à l'épreuve de l'eau la plus chaude.

Le ris, comme je vous l'ai déja dit, est la nourriture la plus ordinaire de ces peuples, & ils le preferent au pain. Ils n'épargnent rien dans leurs repas, & l'abondance y regne au deffaut de la propreté & de la délicatesse. Les vivres sont partout à très-grand marché, à moins que la mauvaise récolte du ris ne fasse rencherir les autres denrées.

Outre la chair de pourceau qui est la plus estimée, & qui est comme la base des meilleurs repas; on trouve des chevres, des poules, des oyes, des canards,

nards, des perdrix, des faisans & d'autre gibier inconnu en Europe. Ils exposent aussi dans leurs marchez de la chair de cheval, de bourique & même de chien. Ce n'est pas qu'il n'y ait des Buffles & des Bœufs, mais dans la plûpart des Provinces la superstition ou le besoin de l'Agriculture empêche qu'on ne les tue.

Voici à peu près la maniere dont ils apprêtent leurs viandes. Ils tirent le suc d'une certaine quantité de chair de pourceau, de poule, de canard, &c. Et ils se servent de cette substance pour cuire les autres viandes. Ils diversifient ces ragoûts par un mélange d'épiceries & d'herbes fortes. On sert toutes ces viandes coupées par morceaux dans des jattes de porcelaine, & il est rare qu'on mette sur leurs tables des pieces entieres, si ce n'est lorsqu'ils ont invité quelques Européans dont ils veulent par courtoisie imiter les usages.

Parmi ces ragoûts si differens des nôtres, il y en a quelques-uns dont vous n'oseriez manger & dont je me regale quelquefois avec plaisir. Ce sont des nerfs de cerf & des nids d'oiseaux accommodez d'une maniere particuliere. Ces

nerfs

nerfs sont exposez au soleil pendant l'été & conservez avec de la fleur de poivre & du macis. Lorsqu'on veut les apprêter on les met dans l'eau de ris pour les amolir, & on les fait cuire dans du jus de chevreau, assaisonné de plusieurs épiceries. Les nids d'oiseau viennent du Japon, & sont de la grosseur d'un œuf de poule. La matiere en est inconnue, mais elle ressemble beaucoup à la meche qu'on tire du sureau, ou à la pâte filée de Gennes ou de Milan Le goût en seroit insipide, s'il n'étoit relevé par les épiceries qu'on y mêle. C'est le plat le plus cheri des Chinois. Ils font aussi une certaine pâte de ris qu'ils filent, & que nous appellons *vermicelli* de ris. Ces trois mets sont à mon avis très-supportables. Les fleuves qui arrosent toutes les Provinces de la Chine, les lacs, les étangs, & la mer fournissent abondamment toutes sortes de poissons. Les Chinois les font secher, & ils en font un très-grand commerce. Ils élevent dans leurs maisons certains petits poissons bigarrez de cent couleurs differentes; leurs écailles sont dorées ou argentées, & leur queuë dont la figure est extraordinaire, est aussi longue que tout leur corps. J'en nour-

nourris dans mon Pagode de Colomſou, ſans cependant eſperer de les pouvoir porter en Europe, à cauſe de l'eau douce qu'il faut changer tous les jours, & qui eſt rare dans les vaiſſeaux.

Quoique les Chinois ayent des brebis & des chevres, dont ils peuvent traire le lait, ils ne ſavent point néanmoins faire le beurre, & ils en ignorent abſolument le goût & l'uſage. J'ai fait enſeigner à un jeune Bonze la maniere de le faire par un de nos matelots, qui eſt un payſan des côtes de Bretagne, mais il n'a jamais la couleur & la perfection du nôtre, ce qui procede ſans doute de la qualité des pâturages. Au lieu de beurre ils ſe ſervent de ſain-doux, ou d'une eſpece d'huile qu'ils tirent d'un fruit qui m'eſt tout-à-fait inconnu & dont on n'a jamais pû me donner aucune connoiſſance.

Les chemins publics ſont très-bien entretenus, & la quantité de rivieres & de lacs dont ce Païs eſt arroſé, n'apporte aucune incommodité aux voyageurs, par la précaution qu'on a priſe d'oppoſer des digues au débordement des eaux. On ſe ſert rarement de chevaux dans les voyages. On s'embarque dans
des

des bateaux, ou dans des barques longues à rames, & comme le même fleuve parcourt souvent plus d'une Province, il est aisé & commode de voyager. Dans les Provinces où les rivieres sont plus rares ou moins navigables, on se fait porter en chaises à porteur, & on trouve de lieuë en lieuë des Villages & des Bourgs où l'on change de porteurs. Il y a aussi des postes reglées & disposées de trois en trois milles, mais il n'est pas permis aux particuliers de s'en servir, & elles sont reservées pour les couriers de l'Empereur, & pour les affaires qui concernent le Gouvernement public.

Leurs chevaux n'ont ni la beauté, ni la vigueur des nôtres, & ils ne savent point les dompter; ils les mutilent seulement, & cette operation les rend doux & familiers. Ceux qu'ils destinent aux exercices militaires sont si timides qu'ils fuyent au hannissement des chevaux Tartares. D'ailleurs comme ils ne sont point ferrez, la corne de leurs pieds s'use, ensorte que le meilleur cheval à 6. ans est presque incapable de service.

Il ne faut pas tout-à-fait juger de la figure des Chinois par les portraits qu'ils
nous

nous envoyent dans leurs écrans, ou dans leurs éventails. Leur physionomie n'a rien qui choque. Ils sont blancs naturellement, surtout dans les Provinces Septentrionales. Les gens ordinaires, c'est-à-dire, ceux que la necessité expose à un travail assidu, & aux ardeurs du soleil, sont un peu bazannez, principalement vers le Midi de cet Empire. Ils ont generalement les yeux petits & ovales, & le nez court, mais non pas au point que je me l'étois figuré : j'en ai même vû beaucoup qui étoient fort beaux hommes. Ils ont soin de laisser croître le poil au menton & aux oreilles, & ce n'est pas un leger agrément parmi eux, lorsque le poil de leurs sourcils tombe un peu sur la tempe. Ils ne coupent point leurs ongles, ils se contentent de les tailler, & j'ai vû des Marchands Chinois qui les avoient longs d'un pouce ou plus. C'est une espece de distinction parmi eux, qui semble marquer qu'ils ne sont point contraints par la necessité de s'appliquer au travail des mains. Auriez-vous jamais, Monsieur, imaginé un pareil rafinement de l'amour propre ? Ils nous estiment heureux de ce que la nature prodigue en notre faveur nous a don-

donné des barbes plantureuses qu'elle leur refuse, & ils ne peuvent trop admirer le caprice qui nous fait couper nos cheveux, pour porter sur nos têtes les dépouilles des morts.

Ils ont ordinairement la taille épaisse, & sont d'une hauteur mediocre. Il y en a pourtant dans ce grand nombre qui sont grands, & dont la taille est fine & déliée. La nature ne se borne jamais à un seul modele.

Leur maniere de se vêtir est fort simple. Les riches ont trois tuniques de soye sans doublure. Celle de dessus est courte, & d'une couleur modeste: les manches en sont larges & ne descendent qu'à la jointure du bras. Les autres tuniques ou robbes se croisent & tombent jusqu'à mi-jambe. Leurs calçons sont aussi de soye très-fine. Ils portent de petites bottes de soye dans leurs maisons, mais lorsqu'ils font ou qu'ils reçoivent quelque visite, ils se servent de bottes de cuir ou de satin noir très-proprement faites. Les gens ordinaires ont de certains souliers sans talons, qui sont brodez & travaillez avec beaucoup d'art & de propreté.

Les Chinois sont surpris de voir nos habits. Ils sont trop étroits & trop courts, disent-

disent-ils, & un corps si gêné ne peut être libre & dispos. Je crois en verité qu'ils ont raison.

Je vous ai déja dit, Monsieur, avec quelle douleur ils executerent l'ordre que l'Empereur Tartare leur donna de couper leurs cheveux. Je ne sai si c'est pour reparer cette perte qu'ils ont inventé le bonnet dont ils se servent; sa figure est ronde, & il est couvert de gros flocons de soye rouge, ou de crin teint en cette couleur. Ce bonnet descend sur les yeux, & les met à couvert des rayons du soleil. Ils ont ordinairement la tête nuë dans leurs maisons, à moins qu'ils ne reçoivent quelque visite: car ce seroit alors une grande incivilité de paroître en cet état.

Cette Nation est très-polie, mais sa politesse est d'une autre espece que la nôtre, du moins en plusieurs choses. Ces grandes embrassades, ces longues reverences, ces airs affectez de la civilité Europeane leur sont inconnus. Deux paroles qui ne signifient rien commencent & finissent leurs complimens. Quand ils se rencontrent ils joignent les mains, les élevent, & puis les baissent en disant, *zinzin*; & ce zinzin signifie tout ce qu'on veut lui faire dire. Si la per-

son-

sonne qu'ils saluent à quelque marque de distinction, ils croisent les bras, & s'inclinent presque jusqu'à terre.

Lorsqu'après une longue absence deux amis se rencontrent, ou lorsqu'ils veulent se feliciter sur quelqu'heureux succès, ils se mettent l'un & l'autre à genoux & se baissent jusqu'à terre. Ils se relevent ensuite & recommencent de nouveau jusqu'à trois & quatre fois. Les serviteurs témoignent leur respect à leurs maîtres en se mettant à genoux dès qu'ils paroissent, & ils battent trois fois la terre de leur front. Tandis que le maître parle, ils sont debout à ses côtez, & ils ne lui répondent qu'à genoux. Tout le monde observe cette ceremonie avec les Mandarins.

Quand ils parlent d'eux-mêmes, ils se servent rarement de la premiere personne, à moins que ce ne soit en parlant avec des gens fort inferieurs. Ils n'usent point non plus de la seconde personne, lorsqu'ils adressent la parole à quelqu'un, & ils ont mille termes pour s'abaisser eux-mêmes, & pour honorer les autres. On trouvera par exemple peu de Chinois qui disent, *je fais*, *je dis*, mais ils se servent de leur nom propre pour nominatif du verbe, *N. dit*, *N. fait*. Toutes ces formules demandent une étude particuliere, & on ne peut les omettre sans incivilité.

Les Chinois ont plusieurs noms. Premierement, ils portent celui de leur famille, qui est commun à tous ceux qui descendent du même ayeul : par ex. le nom Chinois de Confucius est *Kúng*, *Chù*, *Kúng* est le nom de sa famille, & le mot *Chù*, qui signifie *Docteur* ou *Maître*, est un nom qu'on joint au premier comme une épithete honorable, qui le distingue des autres qui ont le même nom.

Secondement, lorsqu'un enfant est né, son pere lui donne dans le terme d'un mois un petit nom, *Siàcoming*, *nom de lait*, semblable à ces noms diminutifs que les Europeans donnent à leurs enfans, & on ne le connoît que sous ce nom pendant son enfance.

Troisiémement, quand un enfant commence à s'appliquer à l'étude des lettres, son pere lui donne un nouveau nom, qu'on met à la suite du nom de famille : (car les Chinois sont diametralement opposez en plusieurs choses à nos coûtumes,) ainsi au lieu que nous disons

par

par ex. Pierre l'Allemand, ils diroient l'Allemand Pierre.

Il faut encore remarquer que quand on parle à un Chinois, on ne l'appelle jamais du nom de sa famille, à moins qu'on ne lui soit fort superieur en dignité; c'est pourquoi les Chinois donnent à leurs noms de famille celui de *Hoey* nom caché, ou secret; on s'en sert cependant dans les souscriptions de lettres.

Quatriémement, lorsqu'un jeune homme est parvenu à l'âge viril, on lui donne le bonnet viril, & dans cette occasion ses amis lui choisissent un nom, qu'il conserve toute sa vie. Il arrive même assez souvent qu'ils signent de ce nom leurs lettres & leurs écrits.

Cinquiémement, les personnes considerables ou par leurs vertus, ou par leurs emplois, ont un nom particulier ajoûté aux deux autres, & c'est une politesse que de ne l'appeller que de ce dernier nom.

Enfin ceux qui pendant leur vie se sont distinguez par leurs Sciences, & par les services qu'ils ont rendus à l'Etat, reçoivent de l'Empereur après leur mort un nom ou titre glorieux en signe de reconnoiſſance, de ſorte que quand on parle d'eux & de leurs belles actions, on ne ſe ſert que de ce nom pour les nommer.

Quand un Chinois en viſite un autre, il s'arrête à la porte, & donne au portier un cahier de douze pages, long de demi pied, dans lequel il a écrit en lettres rouges & d'un ſtyle modeſte, ſon nom, ſes titres, & le motif de ſa viſite. Ce cahier eſt de papier blanc & couvert de papier rouge : & ils en ont de pluſieurs ſortes ſelon le rang des perſonnes qu'ils viſitent. Si celui qu'on veut viſiter eſt abſent de la maiſon, on laiſſe & on recommande ſoigneuſement le cahier au portier, & la viſite eſt cenſée faite & reçûë.

Un Magiſtrat dans les viſites qu'il fait doit être vêtu de la robe de ceremonie, qui eſt affectée à ſon emploi. Ceux qui n'ont aucune charge publique, mais qui ſont en quelque conſideration parmi le peuple, ont auſſi des habits deſtinez aux viſites, & ne peuvent ſe diſpenſer de s'en vêtir ſans manquer à la civilité. S'ils ſortent en public, ils font toûjours porter par un de leurs ſerviteurs la robe de ceremonie,

afin

afin que s'ils rencontrent quelque personnage ils puissent s'en parer pour le saluer & pour en recevoir le salut. Si un Chinois vêtu de cette robe rencontre un de ses amis qui n'ait que ses habits ordinaires, il s'en dépouille pour pouvoir le complimenter but à but.

On pourroit faire un gros volume de toutes les ceremonies Chinoises qui se pratiquent dans les visites. Le nombre des inclinations de corps qu'on doit faire, la quantité de mots qu'on doit dire, le titre qu'un chacun se doit donner dans les visites actives & passives, tout est exactement marqué dans le Cérémonial Chinois; & leurs Livres traitent fort au long de toutes ces pratiques, que ces peuples regardent comme faisant partie de la vertu, & comme étant le nœud de la societé entre les hommes.

Celui qui reçoit la visite va recevoir à la porte celui qui la rend. Ils joignent tous deux les mains en se rencontrant, & se font mutuellement plusieurs civilitez muettes, ou qui ne s'expriment que par les deux syllabes *zinzin*. Le maître de la maison invite l'autre à entrer en lui montrant la porte, &

en lui disant *zinzin* ; l'autre répond, *poukan*, c'est-à-dire, je n'ose ; mais au second zinzin il ne se fait pas prier davantage, & il entre. La distinction entre la main droite & la main gauche s'observe selon les Provinces : il y en a où la main gauche est la main honorable, dans d'autres c'est la droite. S'il y a plusieurs personnes dans la maison, celle qui est la plus distinguée ou par sa dignité, ou par son âge, a la place d'honneur, mais elle la cede toûjours à l'étranger ; la premiere place est celle qui se trouve la plus voisine de la porte ; ce qui est directement opposé à nos usages.

Aprés que chacun est assis, celui qui visite expose de nouveau le motif de sa visite. Le maître de la maison l'écoute gravement & s'incline de tems en tems pour témoigner sa reconnoissance de l'honneur qu'il reçoit. Le premier serviteur de la maison vêtu d'un habit de ceremonie apporte une table, sur laquelle il y a autant de tasses de thé qu'il y a de personnes Souvent on sert aussi des boëtes de bethel, des pipes, & du tabac. C'est-là l'ame de leur conversation. Le serieux & la gravité regnent
dans

dans leurs discours, & rien, à mon avis, n'est plus opposé à nos conversations bruyantes.

Lorsque la visite est finie, le maître de la maison reconduit son hôte jusqu'à la porte de la ruë. Là on fait de nouvelles reverences, & le *zinzin* qu'on y repete plus de cent fois signifie dans cette occasion une infinité de choses. Quand l'hôte, (j'appelle ainsi celui qui fait la visite) lorsque l'hôte, dis-je, est monté à cheval, ou qu'il est entré dans sa chaise, le maître de la maison sort hors la porte, & le salue de nouveau en élevant & en baissant ses mains. Non content de cela il envoye un valet, qui à deux cens pas de la maison va lui faire un nouveau compliment de sa part, & quelquetems après l'hôte en renvoye un autre pour le remercier; ainsi finit la visite.

Ce n'est pas seulement dans leurs visites que leur politesse brille, elle éclate encore dans la moindre des actions, qui ont quelque rapport à la societé. Ils mangent souvent ensemble, & c'est pendant leurs repas qu'ils traitent de leurs affaires les plus sérieuses. Ils se servent au lieu de fourchettes de certains petits bâtons d'yvoire ou d'ébenne, dont les extremitez sont d'or ou d'argent. Ils ne touchent jamais rien avec les doigts; delà vient qu'ils ne se lavent jamais les mains ni avant ni après le repas. Je ne puis mieux comparer les Chinois à table, qu'aux Musiciens d'un Orchestre; il semble qu'ils mangent en cadence, & par mesures, & que le mouvement de leurs mains, & même de leur machoire dépend de quelque regle particuliere.

Leurs tables sont nues, sans nappes & sans servietes, elles sont seulement entourées de longs tapis brodez, qui pendent jusqu'à terre. Chacun a sa table dans un repas de ceremonie, à moins que le grand nombre des convives ne les oblige de s'asseoir deux à la même. On les sert toutes également & en même tems, & on les couvre de plusieurs petits plats, les Chinois preferant la varieté à une abondance superflue.

Je viens maintenant aux ceremonies qu'ils pratiquent dans leurs festins. Celui qui veut inviter quelqu'un à un repas, lui envoye la veille, ou quelques jours auparavant un de ces cahiers, dont j'ai déja parlé, où il a écrit ces mots en parlant toûjours à la troisiéme personne.

*N.*

*N. a preparé un repas de quelques herbes, a netoyé ses verres, &c. afin qu'un tel jour le tel* (qu'il qualifie des titres les plus honorables) *vienne le recréer par les charmes de sa conversation & par l'éloquence de sa doctrine, & il le prie de ne pas le priver de cette satisfaction.* Sur la premiere feuille du cahier il écrit en forme d'adresse le nom le plus honorable de celui qu'il invite, & il lui donne les titres qui conviennent au rang qu'il tient dans le monde. Il observe les mêmes formalitez avec tous les convives qu'il a dessein d'inviter.

Le jour destiné pour le repas il envoye dès le matin un cahier semblable au premier pour faire ressouvenir les convives de la priere qu'il leur a fait, & il les conjure de nouveau de se trouver chez lui à l'heure marquée. Vers l'heure du repas il leur envoye un troisiéme cahier & un serviteur pour les accompagner, & pour leur marquer l'impatience qu'il a de les voir.

Lorsque les convives sont arrivez à la porte de la maison l'Amphytrion de la fête va les recevoir avec les mêmes ceremonies que j'ai rapporté ci-dessus, & il leur fait aussi-tôt presenter du thé.

Ils entrent enfuite dans la falle du feſtin, qui eſt ornée (au deffaut des tapiſſeries dont ils ne connoiſſent point l'uſage) de vaſes de fleurs, de peintures, & d'autres ornemens ſemblables.

Avant que de ſe mettre à table le maître de la maiſon prend une coupe d'or ou d'argent, & l'élevant avec les deux mains, il ſalue celui des conviez qui tient le premier rang parmi les autres. Il ſort enſuite de la ſalle & va dans la cour, (laquelle eſt de plein pié avec le portique ſous lequel ils ont coûtume de prendre leurs repas) ou après s'être tourné vers le midi, & avoir offert le vin aux Eſprits tutelaires de ſa maiſon, il le verſe en forme de ſacrifice. Après cette ceremonie chacun s'approche de la table qui lui eſt deſtinée. Ils ſont plus d'une heure à ſe faire des complimens avant que de s'aſſoir, & le maître de la maiſon n'a pas plûtôt fini avec l'un, qu'il faut qu'il recommence avec l'autre. Ils redoublent leurs complimens lorſqu'il s'agit de boire. Le convive le plus diſtingué boit le premier, les autres boivent enſuite, & tous ſaluent le maître de la maiſon. Quoique leurs taſſes ſoient fort petites, & qu'elles n'ayent n'ayent pas plus de profondeur que la coquille d'une noix, néanmoins ils boivent lentement & à plusieurs reprises, n'étant pas accoûtumez de boire à grands coups, si ce n'est quelque petit maître Chinois, qui par la frequentation des Anglois, ou des François a contracté l'habitude de vuider un verre de vin d'un seul trait. On peut dire dans un sens qu'ils mettent moins de temps à manger, qu'ils n'en mettent à boire.

Rien n'est plus gênant que les formalitez qu'ils observent dans les commencemens du repas, formalitez ennuyeuses dont je supprime le détail. Cependant les convives s'humanisent peu à peu, & Bacchus fait son miracle ordinaire, en chassant la gravité & la mélancolie. Ils agitent plusieurs questions plaisantes, & ils ont de petits jeux où celui qui perd est condamné à boire. Il arrive même presque toûjours que l'on joué la Comédie pendant le repas. Ce spectacle mérite bien que je vous en fasse une courte description.

C'est un divertissement mêlé de la plus effroyable musique, qu'on puisse entendre. Les instruments sont des basfins d'airain ou d'acier, dont le son est aigu & perçant ; un Tambour fait de peaux de buffles qu'ils battent tantôt avec le pied, tantôt avec des bâtons semblables à ceux dont se servent les Trivelins en Italie. Ils ont aussi des fluttes dont le son est plus lugubre que touchant. Les voix des Musiciens ont à peu près la même harmonie; Les Chinois néanmoins paroissent enthousiasmez de cette mélodie, & blâment fort notre mauvais goût de n'y pas applaudir.

Les Acteurs de ces Comédies sont de jeunes garçons depuis l'âge de 12. jusqu'à 15. ans. Les conducteurs les menent de Provinces en Provinces, & ils sont regardez partout comme la lie du peuple. Je ne saurois dire si leurs pieces de Théatre sont bonnes ou mauvaises, ni quelles en sont les regles. La Scene m'a paru toûjours tragique : j'en juge par les pleurs continuels des Acteurs, & par les meurtres feints qui s'y commettent. La memoire de ces enfans m'a surpris; ils savent par cœur 30. ou 40. Comedies, dont la plus courte dure plus de trois heures. Ils traînent partout leur Théatre, & quand ils sont appellez, ils presentent le volume de leurs Comedies, & si-tôt

tôt qu'on a choisi la piece qu'on veut voir, ils la jouent sur le champ sans autre preparation.

Vers la moitié du repas un des Comediens fait le tour des tables, & demande à chacun quelque petite recompense. Les valets de la maison font la même chose & portent au maître l'argent qu'ils ont reçû. On étale ensuite aux yeux des conviez un nouveau repas, qui est destiné pour leurs domestiques. Il m'a semblé qu'ils regardoient comme une impolitesse de donner aux valets des convives des viandes entamées.

La fin du repas répond au commencement. Les conviez loüent en détail l'excellence des mets, la politesse & la generosité du maître de la maison. Celui-ci s'humilie & leur demande pardon de ne les avoir pas traitez selon leurs merites : en un mot il fait toutes les sottes excuses que nos donneurs de repas, nez au fond de nos Provinces, ont coûtume de faire à ceux qu'ils ont regalé ; coûtume ridicule que je voudrois laisser aux Chinois.

Nous les avons souvent invitez à venir

nir manger chez nous, jusqu'au nombre de 14 ou 15. personnes & quelquefois plus : il m'a paru qu'ils n'étoient pas tellement prévenus en faveur de leurs ceremonies, que la liberté des nôtres leur déplût : j'ai remarqué au contraire qu'ils y applaudissent. Nos mets ne sont pas de leur goût, & nous avons coûtume d'appeller un cuisinier Chinois pour les servir à leur mode. Ces cuisiniers suivis d'un ou de deux marmitons chargez des ustenciles qui leur sont necessaires, vont de maisons en maisons & y préparent un grand repas à peu de frais : vû l'abondance des vivres, ils couvrent les tables de toutes sortes de mets, mêlant sans distinction la viande & le poisson. Les plus grands festins que nous leur avons donnez ne nous ont pas coûté quatre pistoles, & cependant l'abondance y regnoit. Notre vin, tout vin du Perou qu'il est, vin grossier & violent leur plaît si fort qu'il est rare qu'ils n'en boivent avec excès dans toutes les occasions qui se presentent. Leur yvresse n'a rien de fougueux ni de terrible, & le vin ne fait point sur leurs cerveaux les funestes impressions qu'il fait sur les nôtres. Quoi-

Quoique les Chinois soient très-poltrons, & que l'usage des armes leur soit interdit, la populace ne laisse pas d'avoir des Academies où l'on enseigne l'art de se battre methodiquement à coups de poings. Ils sont très-vindicatifs, mais ils sont souvent les premieres victimes de leur vengeance. Quand ils ne peuvent faire à leur ennemi le mal qu'ils voudroient lui faire, leur desespoir les pousse à s'aller tuer à sa porte, ou à y expirer, après avoir avalé du poison, parce que les Magistrats ont coûtume de punir rigoureusement ceux qui par leurs inimitiez ont réduit leurs ennemis à cet affreux desespoir.

Ils aiment le jeu jusqu'à l'aveuglement & à la fureur, & pour satisfaire à cette violente passion, ils vendent souvent leurs enfans, leurs femmes & leurs concubines. Ils ont plusieurs jeux de hazard, & ils y paroissent si attachez qu'ils perdent le souvenir de toute autre chose. J'ai vû parmi eux une espece de jeux d'échecs, mais je n'ai pû comprendre la marche des figures qui le composent.

Dans le temps que les Cailles passent la mer, ils en prennent aux filets une très-grande quantité, & ils reservent les mâles

les pour les faire joûter à peu près comme on fait joûter les cocqs en Angleterre & en Bretagne. C'est un jeu fort commun entr'eux, & qui donne lieu à des gageures considerables. On voit des gens, même avancez en âge, s'arrêter au milieu des rues, & proposer la joûte à tout venant: ils tirent leurs Cailles d'un petit sac qui est pendu à leur ceinture, & ils les font combattre: le peuple s'assemble & prend parti. Une des Cailles reste toûjours sans vie sur le champ de bataille.

Ils celebrent le jour de leur naissance par des fêtes, par des festins, par des sacrifices aux ames de leurs ayeux, & par d'autres divertissemens semblables. Lorsqu'un homme a atteint l'âge de cinquante ans (âge où selon leur opinion la vieillesse commence) tous ses parens le viennent feliciter, & lui envoyent des presens. On represente des Comedies devant sa porte, & ses enfans, surtout s'ils sont lettrez, font, & prient leurs amis de faire des vers à sa louange.

Ils s'envoyent souvent des presens reciproques, & il est libre à celui à qui on les fait d'en refuser une partie, sans que l'autre s'en puisse offenser, mais il ne peut se
dis-

dispenser d'envoyer à son tour l'équivalent de ce qu'il a reçû.

Lorsque les Hollandois vinrent la premiere fois à la Chine, ils demanderent si les femmes y mettoient au monde vingt enfans à la fois, tant la multitude du peuple les surprit. Pour moi, j'aurois fait volontiers la même question. Cette foule n'est pas seulement remarquable dans les Villes, elle l'est encore dans les campagnes & dans les moindres Villages. J'approuve fort l'idée d'un voyageur, qui dit que l'Empire de la Chine est une grande Ville qui a douze cens lieues de circuit. Les rivieres mêmes sont couvertes de bateaux où vivent plusieurs familles qui s'établissent tantôt dans un lieu, tantôt dans un autre.

Cependant cette multitude n'apporte aucun desordre. Les moindres Bourgs sont divisez par quartiers, & chaque quartier a son Commissaire. Toutes les rues sont fermées pendant la nuit par une palissade, & gardées par des soldats Tartares, en sorte qu'on ne peut aller d'un quartier à un autre. Chaque chef de famille est obligé de porter au Commissaire le nom & le nombre des personnes qui la com-

composent, ainsi il est aisé de faire le dénombrement de ces peuples.

Avant que de vous parler des cérémonies qu'ils pratiquent dans leurs mariages, je vais vous parler, Monsieur, des femmes Chinoises. Leur sort ne peut que vous inspirer de la compassion, si vous en jugez selon vos préjugez. Elles sont, pour ainsi dire, esclaves, mais l'esclavage n'est pas à mon avis le plus grand de leurs malheurs. Bannies de la societé civile, obligées de complaire à un mari souvent dégoûtant, & toûjours jaloux, elles vivent dans une retraite continuelle, & le joyeux hymen qui donne tant de liberté à nos Dames, acheve de les en priver entierement.

Il est surprenant qu'un peuple qui témoigne tant d'ardeur pour ce sexe, ait si peu d'égard pour lui. Les Chinois à la verité ne cherchent dans la possession des femmes, qu'à satisfaire leurs sens; mais l'amour le plus brutal a ses délicatesses, & je me suis étonné cent fois de ce qu'ils font le malheur d'un sexe dont ils font leur felicité.

Les Loix Chinoises ne recommandent rien avec plus de soin, que la bonne éducation des enfans, laquelle consiste principalecipalement à séparer dès leur bas âge les garçons d'avec les filles, & à ne permettre aucune communication entre les personnes de deux sexes. Cette séparation, disent-ils, fait qu'un pere aime d'autant plus ses enfans, qu'il est certain qu'il en est le pere. Si les hommes, ajoûtent-ils, & les femmes vivoient ensemble sans retenue, sans modestie, ils s'acoupleroient comme les bêtes, & deviendroient semblables à elles.

Pour accoûtumer les femmes dès leur enfance à n'avoir aucun commerce avec les hommes, ils partagent leurs maisons en deux parties, l'une interieure où les femmes habitent, l'autre exterieure qui est destinée aux hommes. La porte de l'appartement des femmes est gardée avec beaucoup de soin, & il n'est permis ni aux hommes d'y entrer, ni aux femmes d'en sortir. On ne peut s'imaginer jusqu'où va leur exactitude là-dessus. Les filles qui sont fiancées sont gardées encore avec plus de jalousie, j'ose dire même avec quelque tyrannie. Si un homme entre dans l'appartement interieur pour quelque necessité urgente, il doit parler si bas que

que personne ne le puisse entendre au dehors. On ne peut marcher de nuit par la maison sans lumiere ; les femmes marchent à gauche, les hommes à droit, afin de ne se point rencontrer. Une femme ne peut rien donner à un homme de la main à la main, si ce n'est dans les funerailles, parce qu'on suppose alors qu'une grande douleur éteint toute autre fantaisie. Dans les autres occasions la femme met dans un pannier ce qu'elle veut presenter à un homme, ou si elle n'a point de pannier, elle le met à terre, & l'homme le ramasse. Ils ne boivent point de l'eau d'un même puits, & ne se baignent jamais dans un même bain. Ils ne tiennent point d'assemblées, & une femme ne se trouvera jamais assise auprès d'un homme. Les freres même n'ont aucun commerce avec leurs sœurs ; non seulement ils ne mangent point ensemble, mais encore ils se servent de vases differens. Ces Loix sont generales ; mais il ne s'ensuit pas que les Chinois, surtout les gens d'une condition mediocre, les observent à la lettre.

Le goût des Chinois dans le choix des fem-

femmes est très-bizare, & quoique la nature produise à la Chine les mêmes corps qu'elle produit en Europe, ils veulent des beautez qui ne tiennent rien d'elle. Quand une fille a passé l'âge de trois ans, on lui casse le pied, en sorte que les doigts sont rabatus sous la plante. On y applique une eau forte qui brûle les chairs, & on l'enveloppe de plusieurs bandages jusqu'à ce qu'il ait pris son pli. Les femmes ressentent cette douleur pendant toute leur vie; elles peuvent à peine marcher, & rien n'est plus desagreable que leur démarche. Je n'ai pû savoir encore la raison de cette coûtume. Je crois que les Chinois l'ignorent eux-mêmes, & élevez dans l'opinion qu'une femme sans pieds est un morceau ragoûtant, ils ne l'épouseroient pas, si elle n'étoit ornée d'une si ridicule perfection. Pour moi je m'imagine que leurs ayeux, plus jaloux encore, inventerent cette coûtume pour rendre les femmes plus sujettes & plus dépendantes. D'autres disent qu'ayant voulu secouer le joug de leurs maris, elles avoient été punies de cette maniere. Quoiqu'il en soit, elles souffrent cette incommodité avec joie, & tâchent de se rendre le pied petit autant

tant qu'il leur est possible. Elles ont raison, c'est là leur dot & tout leur heritage.

Outre cet agrément singulier, elles ont soin d'empêcher que les yeux ne croissent & ne deviennent grands. Les jeunes filles instruites par leurs meres, se tirent continuellement les paupieres, afin d'avoir les yeux petits & longs, ce qui joint à un nez écrasé les rend beautez parfaites. Leurs cheveux sont fort noirs, & elles les tressent sur un bonnet de fil de fer, en y entrelaçant des fleurs & des poinçons d'or & d'argent. Lorsque l'âge commence à semer des rides sur leurs visages, elles croient les effacer par les fleurs dont elles couvrent leurs têtes, & l'on voit communément des têtes de printems avec des visages d'hiver.

Elles sont vêtues modestement. Leurs robes sont assez semblables à celles des hommes, mais elles sont beaucoup plus larges, & la couleur en est plus vive. Elles ont trois tuniques qui se croisent : leurs juppes sont plissées & ouvertes aux deux côtez & par derriere: Elles ne portent point de bas: les bandages de leurs pieds montent à my-jambe, & un caleçon de taffetas blanc ou jaune en couvre

le

le reste. Leurs souliers sont proportionnez à la petitesse de leurs pieds, & un enfant de huit mois auroit de la peine à les chausser.

Elles ont le tein beau, les lévres fort vermeilles, la bouche bien faite, les dents un peu noires par l'usage continuel du bethel. Le fard dont elles se servent releve leur blancheur naturelle, & leur donne du coloris, mais il gâte leur tein d'une telle maniere, qu'une femme de trente ans est ridée & dégoûtante.

Malgré la solitude éternelle dans laquelle elles vivent, elles aiment à plaire. La femme est femme par tout, & nature ne sauroit se démentir. Elles ont autant de soin de leur parure & de leur ajustement, que si elles devoient paroître en public. Quand nous allons chez nos Negocians soit pour y manger, soit pour y parler d'affaires, leurs femmes, que la curiosité tourmente, font autant d'efforts pour être vûes, qu'elles en font pour nous voir. Quelle satisfaction pour elles, nous dit notre interprete, lorsqu'à travers une porte grillée, elles peuvent faire paroître le bout du pied, & nous en faire admirer le petit volume. Mais ce n'est pas par les pieds que les François se

pren-

prennent, & ces bonnes Dames perdent leur étalage.

Il est rare, comme je le dirai dans la suite, qu'avant la cérémonie du mariage, le mari ait vû sa femme. Les questions qu'il fait faire par son entremetteur au pere de la fille, lui suffisent. On demande d'abord quelles sont les perfections de la fille, son âge, son nom, si elle a le pied long de deux pouces tout au plus, les cheveux longs, les yeux petits, les oreilles longues, larges, ouvertes & pendantes (car c'est là encore une perfection) si la fille a toutes ces qualitez, le marché est à moitié conclu.

Il y a des Chinois qui ne pouvant se résoudre à vivre dans la continence, se vendent eux-mêmes à des gens riches, afin de pouvoir épouser une de leurs esclaves. Tous les enfans qui naissent de ce commerce sont esclaves du maître, mais ils peuvent recouvrer leur liberté, lorsque par leur travail ils ont amassé une somme suffisante pour se racheter eux & leurs enfans. Il y en a d'autres qui ayant assez d'argent pour acheter une femme, mais qui n'ayant pas un bien suffisant pour élever les enfans qui surviennent, se trouvent réduits à la necessité de les vendre;

&

& de les rendre esclaves, sur tout dans les temps de disette; mais cet esclavage n'a rien de dur, & les Chinois sont des maîtres très-débonnaires. Il arrive quelquefois qu'un pere au lieu de vendre ses enfans, sur tout les filles, aime mieux les noyer au moment de leur naissance. Cette coûtume regne principalement parmi le petit peuple, & il n'y a aucune loi positive qui s'y oppose. L'opinion de la métempsychose y contribue beaucoup; car s'imaginant que les ames de leurs enfans animeront peut-être des corps plus heureux, ils ne craignent point de se montrer barbares par l'excès d'une compassion mal entendue.

Les femmes aussi-bien que les hommes sont fort lascives: leur unique étude est de rechercher quelque rafinement dans les plaisirs de l'amour, pour avoir la préference sur leurs rivales. Elles ont des livres où sont peintes des figures qui feroient rougir l'Aretin. Ces livres ne sont autre chose que plusieurs petites planches doubles attachées ensemble en forme de feuilles de livre, & longues d'un pied tout au plus; sur la partie exterieure de ces feuilles, on voit des figures d'oiseaux, d'animaux, &c. Cette feuille ou planche qui est double, s'ouvre ensuite, & en montre une autre, sur laquelle il y a tout ce qu'on peut voir de plus sale & de plus immodeste. On vend ces livres publiquement, & les Chinois ne connoissent ni scrupule, ni modestie sur cet article. Cependant les femmes ont plus de disposition que les hommes à embrasser le Christianisme : la raison en est assez naturelle, car la loi qui défend la polygamie est aussi favorable aux femmes qu'elle l'est peu aux maris.

Si vous lisez cette Lettre, Monsieur, à quelque Dame de vos amies, il me semble déja l'entendre se récrier sur la jalousie des Chinois, & sur l'esclavage de leurs femmes ; les traiter de barbares, de cruels. Quoi, partager un mari avec une douzaine de rivales ! ne pouvoir prêter l'oreille à la fleurette : être éternellement esclaves ! quelle cruauté ! Mais les femmes Chinoises pensent autrement. Cette liberté qui fait le bonheur de nos Dames, est pour elles un bien indifferent, parce qu'elles ne le connoissent point. Les maux & les biens dépendent le plus souvent de notre imagination. Je suis bien persuadé que si elles avoient une fois goûté les charmes de la liberté, elles

les les préfereroient aux ennuis de la solitude ; mais comme elles n'ont aucune idée de cette liberté, & que tout ce qui les environne leur retrace l'image de la servitude, elles ne connoissent point les peines qui y sont attachées.

Il n'y a point de Païs au monde où les intrigues galantes soient moins communes. Je ne conseille pas à nos faiseurs de Romans d'en mettre la Scene à la Chine, s'ils veulent donner quelque vraisemblance à leurs fictions. C'est peut-être le seul Païs de la terre où la jalousie des maris ait rendu les femmes sages. Les Loix du Royaume sont favorables aux maris, & rigoureuses envers ceux qui n'ayant point de femmes entreprennent de séduire celles d'autrui. Delà vient que les jeunes gens contractent des habitudes, qu'ils ne quitent pas même lors-qu'ils sont mariez.

Les étrangers doivent se conduire avec prudence sur le chapitre des femmes. Celles mêmes à qui la bassesse de leur état ou leur âge décrepit permet d'aller par les ruës, ne sont pas moins dangereuses que les autres. Si un étranger les regarde avec trop de curiosité, il s'expose à des extremitez funestes. Les Anglois, que le vin rend quelquefois entreprenans, en ont fait de tristes épreuves en plusieurs occasions. Les Chinois qui haïssent les Nations étrangeres, & qui ne cherchent qu'un pretexte pour les inquieter, en embrassent l'occasion dès qu'elle se presente. Néanmoins comme la clef du coffre fort, & des cœurs est la même, l'argent facilite ce que la loi entreprend vainement de rendre difficile.

J'avois dessein de vous parler dans cette Lettre de leurs mariages, mais cet article demande une Lettre toute entiere. Je suis, &c.

## LETTRE DIXIE'ME.

*A Emoüy le 6. Decembre 1716.*

LES deux livres des Rits dont je vous ai déja parlé, Monsieur, traitent fort au long des cérémonies du mariage, & je crois que quelqu'étendue que soit cette matiere, un peu de détail ne vous déplaira pas.

Il faut observer premierement que les peres & les meres, ou à leur défaut les ayeux & les ayeulles, ou enfin les plus proches parens ont une autorité entierement arbitraire sur leurs enfans lorsqu'il s'agit de les marier. J'entends par les plus proches parens ceux qui sont du côté paternel, car les parens du côté maternel n'ont de l'autorité qu'au défaut des premiers.

Les enfans ne peuvent se soustraire à l'autorité paternelle que dans deux cas. Premierement s'ils se marient avec une Etrangere, par exemple avec une Mahometane ou avec une Juive, parce que la maniere de vivre des Etrangers étant fort differente de celle des Chinois ; il est juste, dit la Loi, que celui qui contracte une pareille alliance, jouïsse d'une entiere liberté. Secondement, si un jeune homme en voyageant se marie dans quelque Province éloignée, sans savoir les engagemens que ses parens peuvent avoir pris en son absence, son mariage est valide, & il n'est point obligé de se conformer aux premieres vûes de son pere. Mais si le mariage n'est pas consommé, & s'il n'y a encore que des promesses réciproques, il doit alors, sous peine de quatre-vingt coups de canne sur les fesses, rompre toute sorte d'engagement, & recevoir la femme que ses parens lui ont destiné.

Secondement, il faut remarquer que les mariages des Chinois different des nôtres, en ce que non-seulement la fille n'a aucune Dot, mais encore en ce que l'époux est obligé, pour ainsi dire, d'acheter la fille, & de donner à ses parens une somme d'argent dont on convient de part & d'autre. Ce sont des especes d'arrhes, dont on paye une partie après que le contrat a été signé, & l'autre partie peu de temps avant la celebration du mariage. Outre ces arrhes, l'époux fait aux parens

rens de l'épouse un present d'étoffes de soye, de vin, de fruits, &c. comme je le dirai ci-après. Si les parens reçoivent les arrhes & les presens, le contrat est censé parfait, & il ne leur est plus permis de se dédire, à moins que l'une des deux parties ne meure.

Quoique l'épouse ne soit point dotée, néanmoins lorsque ses parens n'ont point d'enfans mâles, ils lui donnent par une liberalité singuliere des habits, & une espece de trousseau. Il arrive même quelquefois en pareil cas que le beaupere fait venir son gendre dans sa maison, & l'établit heritier d'une partie de ses biens : Mais il ne peut se dispenser de constituer heritier de l'autre partie quelqu'un de sa famille & de son nom, pour vaquer aux sacrifices domestiques qu'on fait aux esprits des ayeux : & s'il meurt avant que d'avoir fait ce choix, les loix obligent ses plus proches parens de s'assembler, & de proceder à l'élection d'un sujet capable de vaquer à cette pieuse occupation. On regarde ces sacrifices comme quelque chose de si essentiel, que celui qui se marie, ne peut aller habiter dans la maison de son beaupere, s'il est fils unique ; & en cas qu'il y aille, il n'y peut tout au plus que jusqu'à la mort de son pere.

Cette pieté envers les ames de leurs ayeux, a donné lieu aux adoptions. Ceux qui n'ont point d'enfans mâles adoptent très-souvent l'enfant d'un autre. Cette adoption se fait en deux manieres: premierement, en constituant pour son heritier l'enfant d'un étranger; Secondement, en choisissant un de ses parens pour succeder à ses biens.

Dans le premier cas, ils payent une somme d'argent au pere de l'enfant qu'ils adoptent, & cet enfant ne reconnoît plus d'autre pere que le pere adoptif; c'est-à-dire, qu'il en prend le nom, & qu'il en porte le deuil après sa mort. S'il arrive ensuite que le pere adoptif le marie & qu'il ait des enfans, l'adoption subsiste toûjours, parce qu'elle a precedé le mariage, & l'enfant adopté a une portion des biens égale à celle des autres enfans.

Dans le second cas, un Chinois qui est privé de successeurs mâles peut adopter le fils aîné de son frere cadet, & ce frere cadet au contraire n'ayant point d'enfans peut adopter le second fils de son frere aîné, en cas que celui-ci ait deux enfans mâ-

mâles. En un mot si dans une famille composée de trois freres il n'y en a qu'un, par exemple, qui ait trois enfans mâles, celui-ci n'en garde qu'un, & ses deux freres adoptent les deux autres. Ces enfans adoptez s'appellent *Kuofang*, ou bien *Góëy tïn hen*, *successeurs substituez*.

Les Chinois reconnoissent deux fins principales dans le mariage, la premiere est celle de perpetuer les sacrifices dans le temple de leurs ayeux; la seconde est la multiplication de l'espece; mais je crois que tout comme chez nous ils ont une troisiéme fin qu'ils sous-entendent.

Les Philosophes qui ont fait le recueil contenu dans le Livre des *Rits*, parlent de l'âge propre au mariage, & divisent tous les âges en general, en leur prescrivant à tous leurs emplois.

Les hommes, disent-ils, à l'âge de 10. ans ont le cerveau aussi foible que le corps, & ils ne peuvent tout au plus s'appliquer qu'aux premiers élemens des Sciences.

Ceux de 20. ans n'ont point encore toute leur force: ils apperçoivent à peine les premiers rayons de la Raison; cependant comme ils commencent à devenir hommes, on doit leur donner le chapeau viril.

A 30. ans l'homme est vraiment homme, il est robuste, vigoureux, & cet âge convient au mariage.

On peut confier à un homme de 40. ans les Magistratures médiocres, & à un de 50. ans les emplois les plus difficiles & les plus étendus.

A 60. ans l'on vieillit, & il ne reste plus qu'une prudence sans vigueur, de sorte que ceux de cet âge ne doivent rien faire par eux-mêmes, mais prescrire seulement ce qu'ils veulent que l'on fasse.

Il convient à un septuagenaire, dont les forces du corps & de l'esprit sont désormais atténuées & impuissantes, d'abandonner à ses enfans le soin des affaires domestiques.

L'âge décrepit est celui de 80. & de 90. ans. Les hommes de cet âge semblables aux enfans ne sont point sujets aux loix, & s'ils arrivent jusqu'à cent, ils ne doivent s'occuper que du soin d'entretenir le souffle de vie qui leur reste.

On voit par cette division d'âges que les Chinois croyoient autrefois que l'âge de 30. ans étoit l'âge propre aux exercices du mariage. Mais aujourd'hui la nature est moins tardive, & les loix cedent à l'usage & aux circonstances des tems.

tems. Il est permis aux jeunes gens de 16. & aux filles de 12. ans de consommer un mariage qui a été resolu quelquefois plusieurs années auparavant.

Rien n'est plus ordinaire parmi les Chinois que de convenir des articles d'un mariage, long-tems avant que les parties soient en âge de les mettre en execution, ou même avant qu'elles soient nées. Deux amis, dont les femmes sont enceintes, se promettent très-serieusement & d'une maniere solemnelle d'unir par le mariage les enfans qui naîtront, s'ils sont de deux sexes differens; & la solemnité de cette promesse consiste à déchirer sa tunique & à s'en donner reciproquement une partie.

Cependant ceux qui professent la Morale Chinoise dans toute sa pureté ne cessent point d'exhorter les peuples à fuir ces sortes d'engagemens témeraires. Il arrive souvent, dit le Livre *des Rits*, que ces enfans sont ou d'un mauvais naturel, ou sujets à des maladies qui les rendent inhabiles au mariage. Un caprice de la fortune peut reduire l'une des familles à une extrême pauvreté. Un deuil imprevû pour la mort de leurs peres, ou de leurs meres, peut differer long tems la celebration des nôces, & empêcher même l'effet. En un mot ce Livre allegue plusieurs inconveniens qui resultent de cette coûtume : mais on ne la peut détruire, & les gens les plus distinguez la mettent tous les jours en pratique.

Rien n'est plus sage que les conseils qui sont répandus dans le Livre *des Rits*. Il exhorte les peres & les meres à être plus attentifs à la sympathie, qui est le nœud de toutes les unions, qu'aux richesses & à l'opulence de ceux qu'ils unissent par le mariage. Un homme sage, dit-il, peut amasser des richesses, un insensé ne sait que les dissiper. Si l'épouse que vous recherchez pour votre fils est d'une famille, ou plus riche, ou plus distinguée que la vôtre, elle sera aussi plus superbe, plus arrogante, plus indocile. Ces injustes parens, continue-t-il, qui sacrifient leurs filles à l'interêt, sont des barbares qui les vendent comme des esclaves au plus cher encherisseur.

Tous les mariages se font par des entremetteurs ou par des entremetteuses, tant du côté de l'homme, que du côté de la femme. Il n'y a point d'emploi

ploi plus délicat & plus perilleux que celui-là, car s'ils commettent quelqu'irregularité dans leur négociation, ils font punis feverement. Outre l'entremetteur, il y a un *Hoenchu*, c'eſt-àdire, une perſonne qui preſide au mariage de part & d'autre, & c'eſt ordinairement le pere ou bien quelque proche parent des époux futurs. Ces *Hoenchu*, ou Preſidents ſont auſſi punis s'ils font quelque ſupercherie, ou quelque fraude notable, & le degré des peines qu'on leur fait ſouffrir eſt preſcrit dans le Livre *des Rits*. Mais je ſupprime le détail & le genre de ces punitions. Il ſuffit que vous ſachiez qu'en fait de mariage on ne commet point de friponneries impunément, & que les Loix veulent de la bonne foi dans une affaire qui eſt la plus importante de la vie.

Dans toutes les familles, il y a un chef qu'ils doivent informer de toutes les affaires de la famille, ſurtout des mariages & des alliances qu'ils ont deſſein de contracter. Les peres des époux jeûnent & font un ſacrifice domeſtique aux eſprits de leurs ayeux, pour leur donner part de ce qu'ils traitent ici-bas. Ils donnent aussi un grand repas à tous leurs parens & amis, & ils leur exposent le dessein qu'ils ont de marier tel ou tel de leurs enfans.

Il n'est permis à aucun Chinois d'avoir plus d'une femme legitime, & cette loi est presqu'aussi ancienne que leur Empire. Il y a cette difference entre la femme legitime & la concubine, que celle-là est la compagne du mari, qu'elle est la maîtresse des autres femmes, & que celle-ci est entierement subordonnée à l'autre. Ils recherchent dans leurs mariages l'égalité d'âge & de conditions, mais quant aux concubines chacun suit son caprice, & les achette selon ses facultez, tantôt belles, tantôt laides. Tous les enfans qui naissent des concubines reconnoissent pour leur mere, la femme legitime de leur pere. Ils ne portent point le deuil de leur mere naturelle, & c'est à cette mere generale qu'ils prodiguent les témoignages de leur tendresse, de leur respect & de leur obéïssance.

L'Empereur n'a qu'une femme legitime qui s'appelle Reine, *Heu* of *Ty*, titres qui signifient qu'elle partage avec son mari la Majesté du Thrône. Outre
la

la Reine, il a plusieurs concubines ou femmes, qui sont divisées en six classes, en comprenant la Reine pour femme unique de la premiere. Il y en a trois de la seconde classe, appellées *Fu sin*; neuf de la troisiéme appellées *Pin*, vingt-sept de la quatriéme appellées *Xy fu*, 18. de la cinquiéme appellées *Yu chu*. Dans la sixiéme classe sont comprises toutes les concubines d'un rang plus inferieur, dont le nombre n'est pas limité.

Le nom de concubine n'a rien d'odieux dans ce Païs, à moins que par concubine, on n'entende les femmes prostituées, car en ce sens ce nom est injurieux. Il y a d'autres concubines qui tiennent le milieu entre les premieres & les dernieres. Ce sont des femmes, qui ayant commis quelque crime, ont été, pour ainsi dire, confisquées au profit du Prince, & exposées en vente. Elles sont esclaves & soûmises à toutes les volontez de leurs maîtres. Les honnêtes gens, c'est-à-dire, ceux qui se piquent d'être bons maris n'achettent ces sortes de concubines qu'avec la permission de leur femme legitime, & sous pretexte de la servir, quoique souvent ces prétenduës servantes soient preferées à la maîtresse.

La

La polygamie en un sens est un cas pendable ici comme en Europe. On punit au moins de 90. coups de canne sur les fesses, celui qui pendant la vie de la femme legitime oseroit en épouser solemnellement une autre, & ce second mariage est déclaré nul. On châtie du même supplice celui qui éleve une de ses concubines au rang de femme legitime, ou qui abaisse au rang de concubine sa femme legitime, & on le force à remettre les choses dans leur premier état.

Autrefois il n'étoit permis qu'aux Mandarins & aux personnes de 40. ans, qui n'avoient point d'enfans, de prendre une ou deux concubines. Le Livre *des Rits* prescrit même les punitions qu'on doit attacher à la transgression de cette loi. Un concubinaire, dit-il, ne sera point obligé de renvoyer sa concubine, mais il sera puni de son incontinence par cent coups de verges sur les épaules. Ces Loix ne subsistent plus que dans le Livre, & chacun peut avoir impunément autant de concubines qu'il lui plaît.

La concubine est si dépendante & si inferieure à la femme legitime, qu'elle n'ose pas même donner le nom de mari à celui qui en fait le personnage avec elle. Elle

Elle l'appelle *Kia chang*, c'est-à-dire, pere de famille. Ce n'est pas au reste qu'on ne pratique aussi quelques ceremonies de bien-seance avec ses parens. On passe un écrit de part & d'autre : on leur donne une somme d'argent; on promet de bien traiter & de bien cherir la fille, & on la reçoit avec quelque solemnité.

Vous voyez, Monsieur, par tout ce que je viens de vous dire qu'une seule femme ne suffit pas aux Chinois; en cela peu semblables à nous qui nous plaignons souvent & quelquefois avec raison d'en avoir trop d'une.

Il n'y a point de toute que lorsque les Chinois se marient, ils sont convaincus qu'ils se lient d'un lien indissoluble. On le voit clairement par les Loix écrites de cet Empire, qui décernent des châtimens severes contre les maris qui, par un contrat illicite, prennent une femme pour un certain tems limité, ou qui ont l'ame assez basse pour prostituer, ou pour vendre secretement leurs femmes, ou leurs concubines. Ces mêmes Loix permettent néanmoins le divorce en certains cas, dont voici les deux principaux.

Si

Si entre le mari & la femme il y a une antipathie notable, enforte qu'ils ne puiſſent vivre en paix & en concorde, il leur eſt permis de ſe ſéparer, pourvû que les deux parties conſentent au divorce.

Le ſecond cas eſt l'adultere; crime qui, graces à leurs precautions, eſt fort rare & preſqu'inouï. Une femme qui en eſt convaincuë, eſt repudiée ſur le champ, ſans qu'elle puiſſe ſe prévaloir des loix qui pourroient lui être favorables dans des cas moins graves.

Il y a encore ſept autres cauſes de divorce marquées par la loi, ſans leſquelles un mari ne peut répudier ſa femme, & s'expoſe, s'il l'entreprend, à recevoir 80. coups de canne, & à vivre avec ſa femme malgré lui.

1. Si la femme eſt ſterile, 2. Si elle ſe conduit d'une maniere peu modeſte, quoique ſans crime, 3. Si elle a contracté une habitude de déſobeïr aux ordres du beau-pere ou de la belle mere, 4. Si elle eſt babillarde & indiſcrete, 5. Si elle vole, ou détourne ſecretement les biens de la maiſon, 6. Si elle eſt jalouſe, c'eſt-à-dire, ſi ſa jalouſie la pouſſe à maltraiter les concubines de ſon mari,

ri, 7. Enfin si elle est attaquée de quelque maladie dégoutante, par ex. de la lepre, qui est un mal assez commun à la Chine : ce sont là des causes légitimes de divorce.

Mais il faut que tous ces cas soient accompagnez de circonstances aggravantes, & que la femme ait quelqu'un de ces deffauts dans un degré éminent. En effet rien ne seroit plus facile que le divorce ; car où est la femme, & en quel Païs la trouve-t-on qui ne soit un peu babillarde, un peu coquette, un peu contredisante ?

*Autres Loix.* Si une femme s'enfuit contre la volonté & à l'insçû de son mari, on lui donne cent coups de verges, & le mari peut la vendre à l'encan au plus offrant. Si elle se marie apres s'être enfuie, on l'étrangle. Si son mari la laisse & s'absente pendant trois ans sans donner de ses nouvelles, elle ne peut prendre aucun parti, sans avertir auparavant les Magistrats; & si par imprudence ou par malice elle obmet cette précaution, on lui donne 80. coups de verges, si elle abandonne la maison de son mari, & cent coups, si elle se remarie : au lieu que quand elle a
pre-

preſenté une requête aux Mandarins, & qu'elle leur a expoſé la ſituation où elle ſe trouve, l'abandon de ſon mari, &c. elle peut obtenir la liberté de ſe marier, ou de ſe donner pour concubine à qui elle voudra.

Dans les cas dont je viens de parler, la concubine eſt punie de deux degrez moins ſeverement que la femme legitime. Mais la concubine eſclave eſt ſujette au même châtiment. Il faut encore remarquer que les complices, par exemple, celui qui épouſe une femme dont le mari eſt abſent, les entremetteurs de ce mariage, celui qui donne azyle à la femme fugitive, &c. ſont châtiez avec la même ſeverité.

Quoiqu'il ne ſoit pas permis aux concubines d'abandonner leurs maris, il n'y a néanmoins aucune loi qui défende aux maris de répudier leurs concubines, ou qui les oblige à les reprendre quand ils les ont chaſſées. Si quelqu'un, dit la Loi, chaſſe ſa femme legitime ſans cauſe, on le contraindra de la reprendre, & il recevra quatre-vingt coups de canne. La Loi ne dit rien de la concubine, & ce ſilence autoriſe les Chinois à n'avoir aucun égard aux cauſes legitimes de divorvorce dont j'ai parlé, lorsqu'ils veulent se défaire de leurs concubines.

Les Chinois peuvent convoler à de secondes nôces, & les femmes jouïssent du même privilege. Les uns & les autres restent maîtres d'eux-mêmes quand la mort a brisé les liens qui les attachoient, & leurs parens ne sauroient les contraindre ni à de secondes nôces, ni à rester dans l'état du veuvage, sans s'exposer à une punition rigoureuse. Au reste, il est glorieux parmi eux de fuir de seconds engagemens, & on loue beaucoup la constance de certaines filles (à qui ils donnent le titre de *Lie niù, filles de grande vertu*) lesquelles pour ne pas survivre à ceux à qui on les a destinées, se donnent volontairement la mort, soit en s'étranglant, soit en prenant du poison : mais ces exemples sont peu communs.

Venons présentement, Monsieur, aux cas particuliers qui annullent le mariage, ou qui en empêchent la conclusion. Parmi les empêchemens dirimans, l'on compte la sterilité, l'engagement anterieur, la tromperie, ou la supposition des personnes, la parenté, l'alliance, l'inegalité des conditions, la violence ou le rapt.

Il n'est point parlé de l'impuissance des hommes, & ils ne sauroient se figurer qu'elle soit possible. Ils ne se sont point encore avisez d'ériger un Tribunal auquel les femmes puissent citer les hommes à venir faire leurs preuves.

La sterilité est une espece de sacrilege, en ce que la femme sterile ne donne point aux ayeux de son mari de nouveaux sacrificateurs, & qu'elle les frustre d'un tribut sacré parmi cette Nation. Ils ne s'embarrassent point de rechercher la cause physique de la sterilité, ni s'ils en sont eux-mêmes la cause. Il suffit pour le divorce qu'une femme ne puisse concevoir, & c'est assez pour empêcher la conclusion d'un mariage, que la fille soit soupçonnée d'avoir quelque défaut qui la rende inhabile à la generation.

Les engagemens anterieurs sont ces promesses qui se font entre les parens de deux familles, & qui consistent dans l'envoi & dans l'acceptation des presens, comme je le dirai ci-après. Une fille promise en cette maniere ne peut s'engager, ni se marier avec un autre, parce que le mariage seroit declaré nul,

&

& que les contractans, les entremetteurs, &c. seroient severement punis.

La tromperie ou la supposition est le changement d'une personne pour une autre; par exemple, si on donne une fille laide & défectueuse après en avoir fait voir une belle à l'entremetteur du mariage. Cette supposition annulle le mariage, & celui qui la fait est puni.

Quiconque, dit la Loi, enlevera une femme ou une fille, & qui après lui avoir fait violence la prendra pour concubine, sera puni de mort, & la femme ou la fille sera rendue à ses parens. Celui qui use de la même violence en faveur de son fils, de son frere, de son neveu, &c. sera aussi puni de mort, & le mariage sera declaré nul. Si la femme ou la fille consent au rapt, le ravisseur & la femme seront separez, & recevront cent coups de batons.

Quoiqu'il n'y ait à proprement parler d'autre noblesse parmi les Chinois que celle qui s'acquiert par l'industrie ou par les richesses, (car ici tout comme chez vous, quiconque est riche, est tout) il y a néanmoins des familles plus illustres les unes que les autres,

soit

soit par les Magistratures, soit par leur opulence. Un Mandarin ne contracte point d'alliance avec un homme du commun, à moins que ce ne soit en secondes nôces, car alors on n'a point d'égard au rang, & ils ne font aucune difficulté d'épouser solemnellement celles de leurs concubines qu'ils cherissent le plus.

Mais ce n'est point cette inegalité d'états qui peut annuller un mariage : c'est celle qui se trouve entre une personne libre & une personne esclave. Voici à ce sujet quelques Paragraphes *si quis* de la Loi Chinoise écrite dans le Livre *des Rits*.

Celui qui donnera pour femme à son esclave la fille d'un homme libre, sera puni de quatre-vingt coups de bâton, & le mariage sera nul. L'entremetteur & celui qui aura presidé aux nôces auront dix coups de moins.

Si un esclave épouse une fille libre, il recevra quatre-vingt coups de bâton, & si son maître a traité cette fille en esclave, il aura aussi cent coups.

Un maître qui marie son esclave avec une fille libre, en faisant acroire aux parens, que le mari qu'il leur offre est son fils

fils ou son parent, est puni de quatre-vingt-dix coups de bâton. L'esclave est puni également s'il est complice de la tromperie de son maître.

Dans tous ces cas le mariage est nul, & la femme rentre dans tous ses droits; les arrhes & les presens qu'elle a reçûs lui restent. Il en est de même des filles esclaves qui épousent par fraude des hommes libres, & la Loi est égale pour l'un & l'autre sexe.

Voici un article qui concerne les Mandarins. Il y a deux Loix dans cet Empire qu'on ne peut assez admirer. La premiere est de ne pouvoir exercer aucune Magistrature dans la Ville & dans la Province où l'on est né. Rien ne peut dispenser de cette Loi, & il n'y en a aucune qui soit plus constamment & plus regulierement observée. La seconde interdit toute sorte d'alliance dans la Province où l'on exerce quelqu'emploi public.

Si un Mandarin de justice (car les Mandarins de guerre ne sont point sujets à ces deux Loix.) Si un Mandarin de justice se marie, ou prend une concubine dans le territoire où il est Magistrat, la Loi, qui n'épargne personne, ne, le condamne à quatre-vingt coups de bâton, & son mariage est nul. S'il épouse la fille d'un plaideur dont il doit juger le procès, on augmente la punition de vingt coups, & dans ces deux cas les Entremetteurs sont punis de la même maniere : la femme retourne chez ses parens, & les presens nuptiaux sont confisquez au profit du Prince comme dans tous les autres cas que j'ai rapporté.

Les Chinois ne peuvent se marier dans le tems qu'ils portent le deuil de leurs peres ou de leurs meres, &c. Comme il n'y a rien de plus recommandable parmi eux, ils ont reglé la durée de chaque deuil selon les degrez de parenté, & ils l'observent avec une exactitude qu'ils poussent jusqu'au scrupule. Mais ce n'est pas ici le lieu d'en parler.

Si un deuil imprévû survient, il rompt toute sorte d'engagement & de promesse, ensorte qu'un homme fiancé ne peut épouser la fille à laquelle ses parens l'ont solemnellement promis, si la mort de son pere, de sa mere, ou de quelqu'autre proche parent arrive dans le terme qui a été limité pour les nôces. C'est pourquoi lorsque le corps du défunt a été

été inhumé (ce qui ne se fait que quelques mois après son decès) ses parens donnent à la fille une entiere liberté de se marier avec un autre par un écrit qu'ils lui envoyent, & qui est écrit en ces termes :

„ N. fils de N. est en deuil pour la
„ mort de son pere, & il ne peut plus
„ accomplir la promesse de mariage fai-
„ te à N. c'est pourquoi ils lui donnent
„ cette nouvelle afin qu'elle soit libre de
„ ses obligations.

Les parens de la fille reçoivent ce billet, mais ils ne se croyent pas pour cela dégagez entierement. Ils ne prennent point de nouveaux engagemens jusqu'à ce que le tems du deuil (qui dure trois ans pour la mort du pere) soit expiré. Alors ils écrivent à leur tour au jeune homme & l'invitent à reprendre ses premieres chaînes. S'il ne prête point l'oreille à cette proposition, la fille reste libre & ses parents la donnent à un autre. Cette Loi oblige également les deux sexes.

Ce n'est pas seulement dans les tems du deuil que les mariages sont défendus. La Loi en interdit encore la celebration, lorsque le pere ou la mere, ou quelque proche parent de l'une des Parties contractantes est emprisonnée. Celui qui oseroit se marier dans ces tems d'affliction, seroit puni de la même maniere qu'on punit les enfans dénaturez & rebelles aux volontez de leurs peres. S'il prend seulement une concubine, on diminue le châtiment de deux degrez. Cependant comme cette Loi a paru un peu dure, on y a apporté quelque temperament, & le mariage se peut faire, pourvû que le parent prisonnier donne son consentement par écrit. Mais en ce cas on ne peut faire de festin nuptial, & on doit supprimer generalement tous les témoignages d'allegresse usitez dans ces occasions.

La Loi interdit encore le mariage entre les personnes d'une même famille & d'un même nom, ne fussent-elles parentes qu'au centiéme degré. Cette Loi est très-ancienne, & l'Empereur *Fohy* en est le premier instituteur. Dans l'enfance du monde, dit le Livre *des Rits*, les hommes peu differents des bêtes reconnoissoient seulement leurs meres. Ils avoient quelque espece d'amour les uns pour les autres, mais cet amour dependoit du caprice, & n'avoit

voit ni regles ni Loix. Peu inſtruits des devoirs de la vie humaine, ils ne ſuivoient que leur penchant naturel. Pour remedier aux deſordres qui étoient une ſuite de cette ignorance, & afin que ceux qui étoient formez du même ſang appriſſent à ſe connoître, Fohy donna un nom particulier à chaque famille, & défendit les mariages entre les perſonnes du même nom. Il établit encore deux autres Loix, la premiere de ſe ſervir d'un Entremetteur d'une part, & d'un autre pour traiter des mariages, afin que les époux ne pûſſent ſe voir, & que le deſir ſeul de multiplier, plûtôt que la ſenſualité, les portât à s'unir. Par la ſeconde Loi il ordonna que l'époux offriroit à l'épouſe des peaux de bêtes ſauvages; coûtume à laquelle on a ſubſtitué celle de preſenter des étoffes de ſoye.

Ainſi le Droit Chinois déclare nuls les mariages contractez entre deux perſonnes du même nom, c'eſt-à-dire, de la même famille, & châtie ſeverement les tranſgreſſeurs de cette Loi. Il faut donc pour qu'un mariage ſoit valide, qu'il n'y ait non ſeulement aucun degré de parenté, mais encore aucun degré d'alliance. Deux freres, par exemple, ne peuvent épouser deux sœurs. Un homme veuf qui a un fils ne le peut donner pour mari à la fille d'une veuve qu'il épouse. Comme il n'y a point de Loi plus étenduë que celle-là, & qu'un long détail me meneroit trop loin, je crois que ce que je viens de rapporter suffit à l'intelligence des autres cas d'alliance & de parenté. Je passe aux ceremonies principales du mariage.

Lorsque deux familles sont convenuës d'un mariage par le moyen de leurs Entremetteurs; & que le contrat est signé, on commence les ceremonies pratiquées dans ces occasions, & qui se reduisent à six chefs.

La premiere s'appelle *Nachay, convenir du mariage*. La seconde *Vuén ming*, consiste à demander le nom de la fille, le jour & le mois de sa naissance.

La troisiéme, *Nachiè*, c'est-à-dire, consulter les devins sur le mariage futur, & en porter l'heureux augure aux parens de la fille.

La quatriéme, *Naching*, consiste à offrir des étoffes de soye & d'autres presens,

sens, comme des gages de l'intention qu'on a d'effectuer le mariage.

La cinquiéme, *Chingky*, propoſer le jour des nôces. La ſixiéme eſt la perfection des autres ceremonies, & elle conſiſte à aller au devant de l'épouſe & à la conduire dans ſa maiſon.

Il faut remarquer que ces ſix ceremonies ne ſe pratiquent qu'entre les familles conſiderables, & que les gens du commun ne peuvent pas obſerver tant de formalitez. De plus comme elles ſont fort longues, qu'elles pourroient déconcerter la patience d'un époux un peu empreſſé, s'il étoit obligé de les obſerver toutes, chacune dans leur tems, on confond ordinairement les cinq premieres, & on les joint enſemble. C'eſt dans cet ordre que j'en vais parler. Si je ſuis un peu diffus, ce ne ſera pas tout-à-fait ma faute.

On commence par donner part du mariage qu'on médite au chef de la famille, & on prepare les preſents qu'on doit faire aux parens de l'épouſe. On envoyoit autrefois à l'épouſe même un canard (oiſeau qui ſelon les Chinois eſt le ſymbole de la fidelité conjugale) mais aujourd'hui on lui envoye plus communément des étoffes de soye, des toiles de cotton, un pourceau, une chevre, du vin, des fruits, &c. & la médiocrité est surtout recommandée dans ces occasions.

Le pere de l'époux écrit ensuite au pere de la fille, en ces termes (je me sers de noms communs pour me rendre plus intelligible) Titius à Sempronius. „J'ai
„ reçû avec beaucoup de respect les
„ marques de votre affection. Vous ne
„ dédaignez point un homme inferieur
„ à vous en richesses & en merite, &
„ j'apprens avec bien de la reconnoissan-
„ ce que vous avez agréé les proposi-
„ tions que je vous ai fait faire par mon
„ Entremetteur N. & que vous avez
„ promis votre fille à mon fils. Main-
„ tenant pour observer les coûtumes ins-
„ tituées par nos ayeux, je vous envoye
„ les presens ordinaires par un Député,
„ afin de convenir avec vous des condi-
„ tions du mariage, & pour savoir le
„ nom de votre fille. Je vous prie d'in-
„ former ce même Député de quelle fa-
„ mille elle est, du mois & du jour de
„ sa naissance, afin que je consulte le
„ sort sur l'heureux succès de ces nôces.
„ J'estime infiniment votre amitié, &
„ je

,, je vous en demande la continuation. Il met la datte & son nom au bas du cahier, car comme je vous l'ai déja dit, ils n'écrivent point sur des feuilles volantes.

Il faut remarquer pour l'intelligence de cette Lettre, que comme les hommes ont plusieurs noms, les femmes en ont aussi deux, outre celui de leur famille, le petit nom *Siaôming* ou *Yuming, nom de lait*, que les peres leur donnent dans leur bas âge, de la même maniere que j'ai dit, qu'ils le donnoient aux enfans mâles; l'autre qu'on leur impose, lorsqu'elles sont parvenuës à l'adolescence, & dont on les nomme jusqu'à ce qu'elles soient mariées. C'est proprement de ce dernier nom & de celui de la famille de la mere que le pere de l'époux veut être informé: car il connoît déja le nom de la famille paternelle; d'ailleurs c'est une rubrique, & il faut absolument que la fille paroisse être inconnuë à l'époux auquel on la destine.

Après toutes ces formalitez ils donnent avis le jour suivant à leurs ayeux deffunts du mariage qu'ils ont dessein de conclure. Ils ornent le Temple domestique avec autant de magnificence qu'il leur est possible. Les hommes & les femmes s'y assemblent, ceux-là à la main gauche, qui est la place d'honneur, celles-ci à la droite. Après avoir lavé leurs mains, ils découvrent les tablettes, sur lesquelles sont écrits les noms de leurs ayeux & de leurs ayeulles jusqu'à la quatriéme generation, & ils évoquent leurs esprits. Le chef de la famille prend des parfums qui sont sur une table dressée en forme d'autel, & flechissant les genoux il les jette dans une urne pleine de charbons enflammez. Il boit ensuite un peu de vin avec un chalumeau en forme de libation, & il offre une coupe pleine de cette liqueur aux ames de ses ayeux.

Toute l'assemblée se prosterne pour saluer ces ames, qu'ils supposent voltiger autour de ces tablettes. Le chef de la famille lit alors un discours écrit dans un cahier en lettres d'or, par lequel il les instruit du mariage qui a été concerté.

„ L'an N. de l'Empereur N. le mois
„ de N tel jour. Titius votre petit-
„ fils voulant vous témoigner sa veneration & sa pieté, vous fait savoir
„ que

,, que son fils, par exemple, *Caius*
,, n'ayant point de femme, & étant
,, en âge d'en prendre une, délibere
,, avec ses parens sur son mariage fu-
,, tur avec la fille de Sempronius, &c.
,, Nous vous regrettons tous infini-
,, ment & nous vous offrons ces vins
,, & ces parfums, afin que vous soyez
,, informez de ce qui se passe dans vo-
,, tre famille". Il brûle ensuite le cahier, & l'assemblée prend congé des ayeux en remettant le voile sur leurs tablettes.

On envoye le même jour un député de la famille, qui porte au pere de l'épouse la Lettre, & les presens dont j'ai fait mention. Ce Député que l'Entremetteur & plusieurs domestiques accompagnent, est reçû à la porte de la maison de l'épouse avec toutes les formalitez qui s'observent dans les visites les plus solemnelles. Le pere de l'épouse, après avoir reçû des mains du Député la Lettre & les presens, le prie d'attendre un moment pour la réponse. Il porte la Lettre dans le Temple domestique de ses ayeux, où toute sa famille est déja assemblée, & il y fait les mêmes ceremonies qui ont été pratitiquées dans le Temple domestique de l'autre famille. Lorsqu'il est de retour, il fait des excuses au Député, & celui-ci répond selon le style usité (car dans ces occasions le nombre des paroles & des reverences est reglé) il lui donne ensuite plusieurs corbeilles pleines de viandes & de fruits, pour la famille de son gendre futur, & ils se séparent avec les complimens ordinaires.

La réponse est conçûë en ces termes; „ Sempronius à Titius. J'ai reçû avec „ respect les marques de la bonté que vous „ avez pour moi. Le choix que vous „ daignez faire de ma fille pour votre fils „ me fait connoître que vous estimez ma „ pauvre & *froide* famille plus qu'elle ne „ mérite. Ma fille est grossiere & sans „ esprit, & je n'ai pas eu le talent de la „ bien élever. Cependant je me fais gloi- „ re de vous obeïr dans cette occasion. „ Vous trouverez écrit dans un cahier sé- „ paré le nom de ma fille & celui de sa „ mere, le jour & le mois de sa naissance. „ Je vous remercie de l'amitié que vous „ me témoignez & je vous prie de vous „ souvenir toûjours de moi.

Ce style, comme vous voyez, est un peu laconique. Dans le cahier séparé

il

il y a ,, le nom du pere de la fille est Sem-
,, pronius. Celui de sa mere est, par ex:
,, Livie, & leur fille s'appelle Julie, la-
,, quelle est née en telle année, tel mois,
,, tel jour, à telle heure.

Le pere de l'époux reçoit le Député, & la réponse qu'il rapporte avec les mêmes formalitez, parce qu'alors le Député est censé envoyé de la part du pere de l'épouse. Cette premiere ceremonie est un engagement reciproque, qui approche de nos fiançailles. On attache les cheveux de l'épouse autour de son col, & on lui met un colier qui marque la perte de sa liberté. Venons aux autres ceremonies.

La famille de l'époux envoye à certain jour marqué aux parens de l'épouse des étoffes de soye & d'autres presens pour les engager à hâter la conclusion. Le nombre des pieces d'étoffes est limité: on ne peut en envoyer plus de dix & moins de deux: elles sont de differentes couleurs, mais on observe de n'y rien mêler de blanc, parce que cette couleur est celle du deuil. On y joint un present d'aiguilles, de brasselets, de poinçons d'or ou d'argent, &c.

Le même jour les parens de l'époux
annon-

annoncent par un écrit, qu'ils ont consulté le sort, & qu'ils ont eu un augure favorable; en même tems ils fixent un jour pour la celebration des nôces, dont ils sont convenus de part & d'autre quelques jours auparavant. Ils choisissent ce jour dans un Calendrier qui marque les jours heureux ou malheureux, de même que nos Almanachs de Milan annoncent la pluye & le beau tems. Ils envoyent ensuite au pere de la fille un nouveau cahier, ou Lettre écrite en ces termes.

„ Titius à Sempronius son allié. J'ai
„ reçû avec beaucoup de respect votre
„ resolution touchant le mariage de vo-
„ tre fille avec mon fils. J'ai consulté
„ le sort, & j'ai eu un augure favorable
„ qui me répond du succès de cette union.
„ Mais maintenant selon l'usage de nos
„ ancêtres, je vous envoye une person-
„ ne de confiance, qui vous porte les
„ presens ordinaires, comme des gages
„ du desir que j'ai de conclure prompte-
„ ment ce mariage. J'ai aussi choisi un
„ jour heureux pour la celebration des
„ nôces; à savoir, le tel jour du mois
„ de N. J'attens vos ordres, & je vous
„ salue.

Avant que d'envoyer cette Lettre, on
la

la porte dans le Temple Domestique des Ayeux, de la même maniere que je l'ai dit ci-dessus; & le chef de la famille leur donne part de ce qui se passe en ces termes: „ Caïus votre petit-fils, fils de „ Titius étant convenu de son mariage „ avec Julie fille de Sempronius, vous „ annonce qu'il a consulté le sort, &c. „ C'est pourquoi il vous offre les pre- „ sens qu'il lui a destinez, & vous fait „ savoir qu'un tel jour a été proposé „ & élû pour la celebration de son ma- „ riage.

Le Député accompagné de l'Entremetteur & des domestiques, qui portent ces seconds presens, va à la maison de l'épouse, où il est reçû avec les ceremonies ordinaires: cette seconde visite étant en tout semblable à la premiere. Le chef de cette famille porte aussi la Lettre & les presens dans le Temple des Ayeux, & leur donne part de ce qui a été resolu.

Le Député revient avec la réponse, dont voici les termes. „ Sempronius à „ Titius son allié. J'ai reçû votre der- „ niere resolution. Vous voulez que „ les nôces se fassent: je suis seulement „ fâché de ce que ma fille a si peu de „ mérite, & de ce qu'elle n'a pas eu une
„ bel-

,, belle éducation. Je crains qu'elle ne
,, soit bonne à rien. Cependant puis-
,, que l'augure est favorable, je n'ose vous
,, contredire. J'accepte votre beau pre-
,, sent, puisque vous me le commandez.
,, Je vous salue & je consens au jour mar-
,, qué pour les nôces. J'aurai soin de pré-
,, parer tout ce qu'il faudra. "
Le Député porte la réponse aux parens de l'époux, on observe les mêmes cérémonies que j'ai déja marqué, tant envers lui qu'envers les Ayeux, à qui ils communiquent la réponse du pere de l'épouse.

Quelques longues que soient les cérémonies que je viens de rapporter, elles ne sont pas néanmoins comparables à celles qui suivent. Je tâche d'abreger mon recit autant qu'il m'est possible ; mais je m'apperçois que je suis malgré moi plus diffus que je ne voudrois. Un peu de patience encore, Monsieur, & je finis cet article.

Pendant les trois nuits qui précedent le jour destiné aux nôces, on illumine tout l'intérieur de la maison de l'épouse, moins en signe de réjouïssance que de tristesse, comme pour marquer qu'il n'est pas permis à ses parens de dormir dans le tems qu'ils sont sur le point de la perdre.

L'on

L'on s'abstient aussi de toute sorte de musique dans la maison de l'époux, & la tristesse y regne plûtôt que la joye. Ils prétendent que le mariage du fils est comme une image de la mort du pere, en ce que le fils semble en quelque maniere lui succeder par avance. Ses amis ne le congratulent point, & si quelqu'un dans cette occasion lui envoye un present, c'est, lui écrit-il, pour regaler le nouvel hôte qu'il a fait venir dans sa maison. Il ne fait mention ni de la femme ni des nôces.

Le jour destiné pour la celebration du mariage, l'époux s'habille le plus magnifiquement qu'il lui est possible, & tandis que ses parens sont assemblez dans le Temple domestique des Ayeux, ausquels ils donnent avis de ce qu'ils vont faire, il se met à genoux sur les degrez du Temple, & se prosternant la face contre terre, il ne se releve que lorsque le sacrifice est achevé.

Après cette cérémonie on prépare deux tables, l'une vers l'Orient pour le pere de l'époux, l'autre vers l'Occident pour l'époux lui-même. J'ignore la raison mysterieuse de cette disposition. Le maître des cérémonies, qui est ordinairement

ment un des parens, invite enfuite le pere à prendre fa place; & fitôt qu'il eft affis, l'époux s'approche du fiége qui lui eft préparé. Le maître des cérémonies lui préfente alors une coupe pleine de vin, & l'ayant reçûë à genoux, il répand un peu de vin fur la terre en forme de libation, & fait, avant que de boire, quatre génuflexions devant fon pere. Il s'avance enfuite vers la table de fon pere, & reçoit fes ordres à genoux : ,, Al-
,, lez, mon fils, lui dit le pere, allez
,, chercher votre époufe : amenez dans
,, cette maifon une compagne fidele, qui
,, puiffe vaquer avec vous au foin des
,, affaires domeftiques. Comportez-vous
,, en toutes chofes avec fageffe & avec
,, prudence". Le fils fe profternant quatre fois devant fon pere, lui répond qu'il obéïra. Il fort inçontinent après, & entre dans une chaife qu'on tient prête à la porte de la maifon. Plufieurs domeftiques marchent devant lui avec des lanternes (ufage qu'on a confervé, parce qu'anciennement tous les mariages fe faifoient de nuit) & lorfqu'il eft arrivé à la maifon de l'époufe, il s'arrête à la porte de la feconde cour, & attend que fon beaupere le vienne introduire.

On

On observe à peu-près les mêmes formalitez dans la maison de l'épouse, tant à l'égard des esprits des ancêtres, qu'à l'égard de l'épouse. Son pere & sa mere sont assis l'un à la partie Orientale, l'autre à la partie Occidentale de la Cour ou du Portique interieur, & ses parens font un cercle tout autour. L'épouse, que sa mere a paré elle-même de ses plus riches habits, est debout sur les degrez du Portique, & accompagnée de sa nourrice, qui est comme sa paranymphe dans cette occasion, & d'une autre femme qui fait l'office de maîtresse des cérémonies. Elle s'approche de son pere & de sa mere, & les salue l'un & l'autre quatre fois. Elle salue également tous ses parens, & leur dit le dernier adieu. La maîtresse des cérémonies lui presente une coupe de vin qu'elle reçoit à genoux, elle fait la libation, & boit le vin de la même maniere que je l'ai dit ci-dessus. Elle se met ensuite à genoux devant la table de son pere, lequel l'exhorte à se conduire avec beaucoup de prudence & de sagesse, & obéïr de jour & de nuit aux ordres de son beau-pere & de sa belle-mere. Sa paranymphe la conduit ensuite hors la porte de la Cour, & sa mere lui met une guir-

guirlande sur la tête, d'où pend un grand voile qui lui couvre tout le visage. ,, Ayez ,, bon courage, ma fille, lui dit-elle, ,, soyez toûjours soûmise à votre époux, ,, & observez avec soin les usages que les ,, femmes doivent pratiquer dans l'inte- ,, rieur de leur maison, &c ". Les concubines de son pere, les femmes de ses freres & de ses oncles, & ses sœurs l'accompagnent jusqu'à la porte de la premiere Cour, & lui recommandent de se souvenir des bons conseils qu'elle a reçûs.

Il faut remarquer que si l'épouse est fille d'une concubine, c'est toûjours la femme legitime de son pere qui fait le personnage de mere dans cette cérémonie. Sa mere naturelle n'a d'autre rang que celui de maîtresse des cérémonies, ou de paranymphe tout au plus.

Cependant le pere de l'épouse va recevoir l'époux selon l'usage ordinaire, avec cette difference, que le gendre donne la main au beau-pere. Lorsqu'ils sont arrivez au milieu de la seconde Cour, l'époux se met à genoux & offre un Canard sauvage, que les domestiques du beau-pere portent à l'él'épouse comme un nouveau gage de son amour.

Enfin les époux se rencontrent pour la premiere fois : néanmoins un long voile dérobe encore aux yeux de l'époux les beautez ou la laideur de l'épouse. Ils se saluent l'un & l'autre, & adorent à genoux le Ciel, la Terre & les Esprits qui y président. La paranymphe conduit ensuite l'épouse à la chaise, ou au palaquin qui lui est préparé, & qui est couvert de taffetas couleur de rose. L'époux lui donne la main, & il entre lui-même dans une autre chaise, ou bien montant à cheval, il marche entouré d'une troupe de domestiques, qui, outre les lanternes dont j'ai parlé, portent tout ce qui sert à un ménage, lits, tables, chaises, &c.

Lorsque l'époux est arrivé à la porte de sa maison, il descend de cheval, ou sort de sa chaise, & invite son épouse à y entrer. Il marche devant elle (car dans toutes les occasions les Chinois veulent faire sentir leur superiorité sur les femmes.) Ils entrent dans la Cour interieure, où le repas nuptial est préparé. Alors l'épouse leve son voi-

voile & salue son mari, qui d'un regard curieux & avide l'examine depuis les pieds jusqu'à la tête. Elle attend en tremblant le résultat de cet examen, & cherche à lire dans ses yeux s'il lui est favorable ou contraire. L'époux la salue à son tour, & l'un & l'autre lave ses mains, l'époux à la partie Septentrionale, & l'épouse à la partie Meridionale du portique, cérémonie que je crois que l'usage plûtôt qu'aucun mystere caché a établi. Avant que de se mettre à table, l'épouse fait quatre genuflexions devant son mari, lequel en fait à son tour deux devant elle. Ils se mettent à table tête à tête, mais avant que de boire & de manger ils répandent un peu de vin à terre en forme de libation, & ils mettent à part des viandes pour les offrir aux Esprits, coûtume qui se pratique dans tous les repas de cérémonie.

Après avoir un peu mangé & gardé un profond silence, l'époux se leve, invite son épouse à boire, & se remet incontinent à table. L'épouse pratique aussi-tôt à son égard la même cérémonie, & en même tems on apporteporte deux tasses pleines de vin. Ils en boivent une partie & mêlent ce qui en reste dans une seule tasse, ils le partagent dans deux verres, & achevent de boire.

Cependant le pere de l'époux donne un grand repas à ses amis & à ses parens dans un appartement voisin; la mere de l'épouse en donne un autre dans le même tems à ses parentes & aux femmes des amis de son mari. Mais ce qui me paroît le plus extraordinaire, est que le premier jour des nôces la nouvelle mariée ne voit ni son beau-pere ni sa belle-mere. Le soir arrive enfin, la nuit se passe, &c.

Le lendemain la nouvelle mariée vêtuë de ses habits nuptiaux, accompagnée de son mari & de la paranymphe, qui porte deux pieces d'étoffes de soye, se rend dans la seconde Cour de la maison, où le beau-pere & la belle-mere assis chacun à une table particuliere, attendent sa visite: les deux époux les saluent en faisant quatre genuflexions devant eux, & incontinent après le mari se retire dans une chambre voisine; l'épouse met sur les deux tables les étoffes de soye qu'elle a aporté, & s'incline profondement en pri-

priant son beau-pere & sa belle-mere d'agréer son present. Elle se met ensuite à table avec sa belle-mere. Les uns & les autres font les libations ordinaires, mais on ne sert aucuns mets sur la table; ce n'est qu'une pure cérémonie, par laquelle la belle-mere reçoit sa brû comme sa commensale.

Après cette visite elle va saluer tous les parens & les parentes de son mari, & fait quatre genuflexions devant eux : mais elle ne leur rend visite qu'après qu'elle a été introduite dans le Temple domestique des Ayeux de la maniere que je vais le dire ci-après : encore arrive-t-il le plus souvent que l'époux invite tous ses parens le troisiéme jour de ses nôces à venir recevoir les hommages & les complimens de son épouse.

Le même jour les parens de la mariée envoyent des viandes, du ris & des fruits à leurs nouveaux alliez. L'épouse fait tous les honneurs de ce repas, sert sa belle-mere à table, & mange ses restes, pour montrer qu'elle n'est point traitée en étrangere, mais en fille de la maison, l'usage ne souffrant pas qu'on offre des restes aux domestiques même de ceux qu'on invite.

Je

Je passe sous silence plusieurs autres cérémonies de cette nature, dans lesquelles on observe presque toûjours les mêmes formalitez que je n'ai peut-être déja que trop répetées.

Le troisiéme jour l'épouse est introduite dans le Temple domestique des Ayeux, où l'on fait le sacrifice ordinaire & où on les instruit de la visite que la nouvelle mariée leur rend. Pendant le sacrifice, les époux se prosternent sur les degrez du Temple, & ne se relevent que lorsqu'on a tiré le voile sur les tablettes, où les noms des Ayeux sont écrits. Cette cérémonie est le complement & la perfection des autres.

Le quatriéme jour l'époux rend visite à son beau-pere & à sa belle-mere; les choses se passent à peu près selon la forme que je viens de rapporter, soit dans le repas, soit dans les autres cérémonies.

Tel est le mariage des Chinois. Je vous ai dit, Monsieur, que les gens d'une condition médiocre ne pratiquoient pas toutes ces formalitez à la lettre, néanmoins ils en observent toûjours une grande partie, sur tout celles qui sont essentielles.

Que pensez-vous maintenant, Monsieur, des Chinois ? Trouvez-vous quelque chose de barbare dans leurs coûtumes, quelque chose qui répugne à l'humanité ? non sans doute. Mais ce sont des Chinois, & parce que la mer les separe de nous par plusieurs milliers de lieues, nous les regardons en Europe comme des peuples sauvages, sans politesse, sans mœurs. Quant à moi, je suis guéri de mes préjugez, & je m'applaudis en secret de m'être détrompé.

Avant que j'eusse perdu mon clocher de vûe, les François étoient mes heros, & je regardois toutes les Nations de l'Europe comme barbares, quand je les comparois avec eux. Mon amour propre y trouvoit son compte, & comme François je croiois participer à la superiorité que j'attribuois à ma Nation.

Lorsque j'entrepris de parcourir le nouveau Monde, toûjours prévenu de la même chimére, je crus qu'il n'y avoit d'hommes veritablement hommes que les Europeans, & que les Indiens Occidentaux n'en étoient tout au plus que des ébauches. J'étois accoûtumé dès l'enfance à les entendre nommer barbares. Qui n'eût crû comme moi qu'ils l'étoient ?

toient? Les premiers Indiens que je vis me parurent des hommes, & même des hommes plus robuſtes, plus endurcis que nous au travail. Je fus, je vous l'avoue, dans la même ſurpriſe que ſont quelquefois certaines Dames de Paris lorſqu'elles voient une Provinciale pour la premiere fois. Eh bon Dieu, s'écrient-elles, c'eſt une femme comme nous! Je ſortis peu à peu de mon erreur, & je connus que ſi la nature eſt mere pour nous, elle n'eſt point une marâtre injuſte pour le reſte des peuples qu'elle produit.

Les Chinois (car c'eſt ſur tout ce peuples que je voudrois pouvoir juſtifier auprès de vous;) les Chinois nous paroiſſent barbares, & nous leur donnons communément ce nom. Cependant il n'y a gueres de peuple dont les loix ſoient plus belles, & les maximes plus conformes à la Raiſon. Je conviens que pluſieurs d'entr'eux s'en tiennent à la ſpeculation; qu'il y a même quelques Loix qui paroiſſent bizarres, mais c'eſt beaucoup pour eux, à mon avis, que d'en avoir établi pluſieurs qui ſont fondées ſur le Droit naturel. D'ailleurs quel eſt le peuple qui ne viole quelquefois ſes Loix, ou qui par un abus confirmé par l'usage ne leur donne de fausses interpretations?

Leurs coûtumes, direz-vous, sont differentes des nôtres? Très differentes, j'en conviens, sur tout la longueur & la multitude de leurs cérémonies paroissent tout-à-fait insupportables à notre vivacité. Mais les coûtumes naissent du caprice des hommes. Elevez dans un genre de vie, nous faisons consister notre bonheur & notre devoir à le suivre. Voilà les principes de nos préjugez. Croiez-vous que les autres Nations en soient exemtes? Chacun raisonne sur ce qu'il a appris, & sur ce qu'il a toûjours vû pratiquer, & trouve étrange tout ce qui n'est pas conforme à ses usages.

Quelle étrange Musique, me disoit un jour notre Interprete Chinois! quelle horrible Musique que la Musique des Europeans! surpris de ce discours: quoi, dis-je en moi-même, ces gens osent trouver notre Musique mauvaise? ces gens, dont la Musique est un charivari inventé plûtôt pour écorcher les oreilles, que pour les réjouïr? Cette reflexion me fit chercher la cause de cette bizarerie, & je n'en trouvai point de plus

plus vraisemblable que l'habitude & l'éducation. Les Chinois élevez dès leur bas âge à entendre un certain son, y accoûtument insensiblement leurs oreilles. Tout ce qui n'a point la même harmonie leur semble ridicule. Il se passe en nous la même chose, & la raison qui fait que les Chinois trouvent notre Musique mauvaise, est la même qui nous fait trouver la Musique Chinoise détestable.

Il en est ainsi de toutes les coûtumes; c'est le caprice qui leur donne l'être. Elles sont indifferentes en elles-mêmes, sitôt qu'elles ne sont point opposées à la Loi naturelle.

„ Voyez, dit M de Fontenelle, com-
„ bien la face de la nature est changée
„ d'ici à la Chine: d'autres visages, d'au-
„ tres figures, d'autres mœurs, &
„ presque d'autres principes de raison-
„ nement „. Je suis persuadé que cet habile Auteur n'a jamais prétendu conclure que les Chinois fussent barbares ou sauvages. En effet, cette difference dont il parle ne le suppose pas, car quoique leur esprit ne ressemble point à celui des Europeans, il ne laisse pas d'être esprit: il n'y a qu'à décider si l'esprit François

çois doit être la regle generale de tous les esprits de l'Univers. Le goût & la délicatesse dans la maniere de penser, de raisonner & de vivre, sont arbitraires, à mon avis, & dépendent le plus souvent des préjugez & des coûtumes, qui sont l'objet de nos raisonnemens. Chacun appelle barbarie ce qui n'est pas selon son usage. L'idée du bon, du parfait, du raisonnable, (je laisse toûjours à part ce qui regarde la Religion) ne dépend-elle pas encore des idées generales du païs où nous sommes nez ? Là est toûjours le bon goût, la vraye délicatesse, &c.

Demandez à un Chinois pourquoi son habit ressemble à un sac, il vous demandera à son tour pourquoi le vôtre est si étroit & si court ? D'où vient cette inconstance qui vous fait changer de mode chaque année ? A quoi sert ce luxe, cet or, cet argent que vous prodiguez sur vos habits ? Un Chinois rit quand il voit un François parler la tête nuë à ses Supérieurs; le François trouvera mauvais que le Chinois lui parle le bonnet en tête. Ce bonnet garni de crin ou de soye rouge vous fera rire. Il rit à son tour de voir une tête parée des cheveux d'autrui.

Le

Le salut à la maniere Françoise est une pirouette ou quelque chose de semblable; le Chinois salue avec gravité & avec modestie; lequel a raison? Si quelqu'un de ces Chinois que nos Missionnaires amenent en France, écrivoit en son Païs tout ce qu'il voit en Europe; en bonne foi, Monsieur, quel portrait feroit-il de nos coûtumes?

Dites-moi maintenant si le François a quelque droit d'assujettir le reste de l'Univers à ses manieres, & de traiter de barbares ceux qui n'imitent pas ces coûtumes? Quelle conséquence tirera ce Chinois, qui est un animal raisonnable, & qui raisonnera sur des principes aussi generaux? Parlons sans prévention. Le François n'est-il point lui-même un peu barbare aux yeux des Chinois? Avide de nouveautez, il invente chaque jour de nouvelles modes: il blâme le goût de toutes les Nations, & voudroit les assujettir au sien: la vie simple & unie de ses Ancêtres lui paroît grossiere, & il traite leur moderation de rusticité. Voici le portrait que fait Montagne des François de son temps: je ne change rien aux termes.

„ J'excuserois, dit-il, volontiers en

« notre peuple de n'avoir autre patron
« & régle de perfection que ses pro-
« pres mœurs & usances : car c'est un
« commun vice, non du vulgaire seu-
« lement, mais quasi de tous les hom-
« mes d'avoir leur visée, & leur arrêt
« sur le train auquel ils sont nez. Je
« suis content quand il verra Fabricius
« ou Lælius ; qu'il leur trouve la con-
« tenance & le port barbare, puis-
« qu'ils ne sont vêtus ni façonnez à
« notre mode. Mais je me plains de
« sa particuliere indiscretion, de se
« laisser si fort piper & aveugler à
« l'autorité de l'usage present, qu'il
« soit capable de changer d'opinion &
« d'avis tous les mois, s'il plaît à la
« coûtume, & qu'il juge si diverse-
« ment de soi-même. Quand il por-
« toit le busc de son pour-point en-
« tre les mammelles, il maintenoit par
« vives raisons qu'il étoit en son vrai
« lieu. Quelques années après le voi-
« là avalé jusques entre les cuisses, il
« se mocque de son autre usage, le
« trouve inepte & insuportable. La
« façon de se vêtir presente, lui fait
« incontinent condamner l'ancienne,
« d'une resolution si grande & d'un
« con-

„ confentement fi univerfel, que vous
„ diriez que c'eft quelque efpece de
„ manie qui lui tourneboule ainfi fon
„ entendement. Parce que notre chan-
„ gement eft fi fubit & fi prompt en
„ cela, que l'invention de tous les Tail-
„ leurs du monde ne fauroit fournir af-
„ fez de nouveautez, il eft force que
„ bien fouvent les formes méprifées re-
„ viennent en crédit, que celles-là mê-
„ me tombent en mépris tantôt après,
„ & qu'un même jugement prenne en
„ l'efpace de 15. ou 20. ans non diverfes
„ opinions feulement, mais contraires,
„ d'une inconftance & d'une légéreté
„ incroyable.

Les Chinois plus conftans mille fois n'innovent rien. Religieux obfervateurs des Coûtumes de leurs Peres, ils en ont aujourd'hui le génie, la maniere de vivre, les mêmes Loix; tout fe foûtient, rien ne fe dément. Qui voit une Province de cet Empire, peut porter un jugement certain de toutes les autres, en ce qui regarde le penchant & les mœurs. Concluons; notre amour propre nous rend injuftes, mais cet amour propre fi naturel à tous les peuples, ne peut-il pas féduire la Raifon des Chinois, comme il féduit la nôtre?

Vous me direz peut-être, Monsieur, que les Arts & les Sciences fleurissent moins en Asie qu'à la Chine. Parmi nous, direz-vous, on s'applique aux Sciences avec succès, nous savons le grand art de la guerre, &c. Je conviens de tout avec vous; aussi ne prétens-je pas donner aux Chinois la superiorité sur les Européans; je voudrois seulement, s'il m'étoit possible, combattre l'idée generale, dont nous sommes prévenus à leur désavantage.

L'Europe est florissante, il est vrai, elle est le centre des Arts & des Sciences. On y excelle surtout dans l'Art militaire, qui est presque inconnu aux peuples de l'Asie. Les Nations de l'Europe toûjours en guerre les unes avec les autres, apprennent à leurs dépens ce grand art d'assieger & de défendre les Villes, de donner des combats, & de remporter de fameuses victoires. L'ambition d'un Prince reveille celle de ses voisins, ou leur fait craindre ses projets. On s'arme, on combat, & on apprend quelquefois par sa défaite à mieux profiter d'une occasion favorable; on met ses fautes à profit, & la déroute est souvent une Ecole où l'on apprend à vaincre.

Les Chinois ont leurs Arts & leurs Sciences conformes à leurs usages, à leur génie & au climat, sous lequel ils sont nez, & sans approfondir s'ils sont veritablement, comme ils le prétendent, les inventeurs des Arts que nous estimons tant en Europe, il suffit de dire qu'ils en possedent plusieurs semblables aux nôtres.

Ils ignorent l'art de la guerre. Et qu'avons-nous affaire de cet art, diront-ils, si toûjours élevez dans l'amour de la paix, nous fuyons avec soin tout ce qui peut la troubler & interrompre la douce tranquillité dont nous jouïssons? Nous faisons gloire d'ignorer cet art barbare, qui arme l'homme contre l'homme; un art qui détruit les Villes, renverse les Monarchies, qui porte par tout la désolation & la mort, un art enfin que le Créateur ne vous a donné que comme un fleau dont il vous châtie.

On reproche aux Chinois qu'ils sont voleurs & de mauvaise foi, mais ce reproche ne regarde que la populace & les gens d'une certaine sphere, qui semblables à nos Cabaretiers cherchent à tromper les Etrangers, précisément par-

parce qu'ils sont Etrangers. On dit communément en France que les Normands sont parjures, les Bretons adonnez au vin, les Gascons fanfarons, les Champenois imbécilles, &c. S'ensuit-il que le Royaume de France n'est peuplé que de parjures, d'yvrognes, &c.

La difference de religion, ou plûtôt cette monstrueuse idolâtrie dans laquelle les Chinois sont plongez les rend barbares, direz-vous, par rapport à nous. Je ne veux point, Monsieur, trop raisonner sur cet article. Plaignons-les d'être privez des lumieres que la grace nous donne : mais n'y auroit-il point un excès de vanité à croire qu'ils sont barbares, parce qu'ils n'ont pas cette foi que nous avons ? Cette foi est une grace, un don que nous ne meritions pas plus que ces peuples. Ce n'est pas tant le deffaut de raisonnement qui les en prive, qu'un aveuglement funeste qui les empêche de croire des mysteres qui sont au-dessus de la Raison.

Au reste, Monsieur, ce n'est point un parallele des François & des Chinois que je prétens faire. Ce sont deux ou trois reflexions qui me sont survenues, je ne sai comment, en vous écrivant.
J'esti-

J'estime les Chinois, mais cette estime ne m'aveugle pas jusqu'à leur attribuer la supériorité sur nous. Vous connoîtrez dans la suite combien je les crois inferieurs, non seulement aux François, mais encore aux autres Nations policées de l'Europe. J'ai voulu seulement vous empêcher de les confondre avec les autres Asiatiques, & de les traiter de barbares.

Cette digression, direz-vous, étoit assez inutile, & après m'avoir fatigué par la lecture de vos longues & ennuyeuses cérémonies Chinoises, vous auriez dû vous en tenir là & finir votre Lettre. Il est vrai, Monsieur, mais songez qu'il faut faire quelque chose, sur tout lorsqu'on ne sait que faire. L'oisiveté où je me trouve dans ma solitude de Colomsou, me cause un ennui dont il faut que vous vous ressentiez à votre tour. Je n'ai pas encore épuisé la matiere : Il me reste encore bien des choses à vous dire; mais ce sera pour une autre fois. Je suis, &c.

## LETTRE ONZIÈME.

*A Emouy le 17. de Decembre 1716.*

RIEN n'est plus beau que de voyager, Monsieur, rien de plus ennuyeux que de rester trop long tems en voyage. Ma solitude de Colomsou, toute agreable qu'elle est, commence à m'ennuyer, & je médite mon retour à Emouy où mes affaires me rappellent. Je soupire sans cesse pour un autre rivage; soit ennui, soit caprice, il me semble depuis deux mois que ce Païs ne m'a plû dans le commencement de mon séjour que parce qu'il s'appelloit la Chine.

Je vais vous entretenir encore de ce qui concerne ce Païs, des Arts & des Sciences des Chinois, de leur Religion, & de leurs superstitions, &c.

On ne peut nier que les Chinois ne soient très-adroits, soit dans les ouvrages qu'ils inventent, soit dans ceux qu'ils imitent. Cependant il faut avouer qu'ils

n'ont

n'ont pû encore atteindre le degré de perfection, auquel nous sommes parvenus, & qu'on trouve toûjours quelque chose à desirer dans leurs plus beaux ouvrages. „ En verité, dit M. de Fon-
„ tenelle, je crois toûjours de plus en
„ plus qu'il y a un certain génie qui n'a
„ pas encore été hors de notre Europe,
„ ou du moins qui ne s'en est pas beau-
„ coup éloigné". Il en est de leurs Sciences comme de leurs Arts, elles participent un peu de la nature du climat. „ Il est sûr, dit encore M. de Fontenel-
„ le, dont les ouvrages charment ici
„ mes ennuis, il est sûr que par l'en-
„ chaînement & la dépendance récipro-
„ que qui est entre toutes les parties du
„ monde materiel, les differences de cli-
„ mat qui se font sentir dans les plantes
„ doivent s'étendre jusqu'aux cerveaux,
„ & y faire quelqu'effet". Ce grand homme me permettra d'adopter son sentiment.

Quoique les Chinois ayent une passion extraordinaire pour tous les ouvrages de peinture, & que leurs Temples en soient ornez, on ne peut rien voir néanmoins de plus borné & de moins regulier. Ils ne savent point ménager les ombres

d'un

d'un tableau, ni mêler ou adoucir les couleurs. Leurs meilleures pieces sont des paysages lavez à l'encre de la Chine, dont tout le merite consiste dans le dessein.

Ils ne sont pas plus heureux dans la sculpture, & ils n'y observent ni ordre, ni proportions. J'ai vû dans leurs Temples des Colosses dont toutes les parties irrégulieres formoient un monstre au lieu d'une Divinité. Quelques mauvais Peintres qu'ils soient, je n'ai pû m'empêcher d'admirer la vitesse avec laquelle ils manient le pinceau. Un Ouvrier peindra aisément une douzaine d'Eventails ou plus dans un jour. Quand on veut avoir quelque chose de régulier & d'aprochant de nos usages, on dirige le Peintre & on lui fait observer quelqu'ordre, & quelque symétrie dans ses desseins. Tels sont les desseins des ouvrages en broderie qu'on leur fait executer avec le pinceau avant qu'ils les executent avec l'aiguille. Ils brodent mieux qu'aucun peuple du monde : il n'en faut pas juger seulement par les ouvrages qu'on apporte en Europe; les meilleurs restent dans le Païs, & les Europeans feroient peu de profits, s'ils en faisoient emplette, parce qu'ils sont
ex-

extraordinairement chers. Rien n'est plus merveilleux dans ce genre que la maniere dont ils assortissent les soyes de diverses couleurs, en brodant un oiseau, une fleur, un papillon, &c. Ils réussissent mal à dessiner, & à broder des figures humaines, car lorsqu'ils l'entreprennent, loin de se flatter, ils se representent beaucoup plus laids & plus desagreables qu'ils ne sont.

J'ai toûjours ouï dire en Europe que le hazard ou l'industrie avoit fait découvrir aux Chinois l'art de faire de la poudre à Canon, & celui de l'Imprimerie, long-tems avant que nous en eussions connoissance. Ceux qui veulent donner une idée avantageuse du génie de ces peuples, ne manquent pas de citer ces inventions. Cependant il faut avouer que nous avons porté ces deux Arts à un tel degré de perfection que nous sommes en état d'en donner des leçons aux Chinois mêmes. Ce sont nos Missionnaires qui dirigent à Pekin la fonte de leurs Canons, & qui donnent à leur poudre le degré de force & d'activité qui lui manque.

Leur Imprimerie étoit autrefois si bornée, qu'ils étoient obligez d'imprimer avec des planches gravées, & ce n'est que
de-

depuis le commerce qu'ils ont eu avec les Europeans, qu'ils ont appris à imprimer avec des caracteres feparez. D'ailleurs le papier de la Chine eft fi mince & fi delié qu'on ne peut y imprimer que d'un feul côté : il fe déchire aifément, & il n'a ni la folidité, ni la durée du nôtre.

La jaloufie eft le premier Architecte des Chinois. Il femble qu'ils ne bâtiffent que pour dérober leurs femmes à la vûë du Public. Ils font d'abord un mur carré, & ils conftruifent une maifon de bois, laquelle eft dans cet efpace carré comme dans un étui. Ces Edifices n'ont ni régularité, ni agrément, foit au dedans, foit au dehors. Ils ne cherchent point à bâtir pour la pofterité, & ils ne peuvent comprendre comment un homme, dont la vie eft fi courte, a la manie de fe fabriquer des Palais auffi durables que s'il étoit immortel.

Quelque hauts que foient leurs Edifices, ils font le plus fouvent fans fondemens. Ils ne creufent point la terre, & ils entaffent feulement de groffes pierres qui fervent de bafe à tout l'Edifice : delà vient que leurs Temples & les murs de leurs Villes foûtiennent à peine la durée d'un fiecle.

Ils

Ils ne connoissent aucun des ordres d'Architecture qui sont en usage parmi nous. J'ai observé pourtant que dans les façades des Temples, il y a quelques ornemens d'un goût particulier, & que les corniches & les cordons, au lieu d'être unis, sont chargez de figures en relief d'animaux, de fleurs, &c.

On peut dire en general que les maisons Chinoises n'ont aucune magnificence. Elles n'ont qu'un étage, & les Chinois desaprouvent fort notre architecture, à cause de l'incommodité qu'il y a à monter & à descendre. L'appartement des femmes est dans l'endroit le plus reculé. C'est une prison desagreable & obscure que l'habitude, l'idée d'un honneur chimérique, & la triste necessité d'obéïr à leurs maris leur fait trouver supportable.

Les Medecins Chinois connoissent assez imparfaitement la vertu des simples, & par un entêtement que je crois commun à tous les peuples qui recherchent avec avidité les choses qui viennent de loin, ils estiment beaucoup les remedes composez que nous leur apportons quelquefois, en quoi il nous est aussi aisé de les tromper qu'à eux de nous en faire acroire sur les drogues qu'ils nous vendent.

La maladie qui regne le plus generalement parmi ces peuples reſſemble à celle que les Eſpagnols des Indes appellent *Conſomption*. Ce mal attaque d'abord les yeux qui deviennent chaſſieux & qui ſe deſſechent enſuite peu à peu & par degrez. Ceux qui ont pluſieurs femmes y ſont fort ſujets. Cette infirmité, diſent les Medecins, ne peut ceſſer qu'en faiſant ceſſer ſa cauſe: mais les Chinois, à qui la continence eſt inſuportable, trouvent le remede pire que le mal. Cependant ceux qui prennent cette réſolution recouvrent aiſément la ſanté. On leur ordonne les frictions, les bains chauds, & l'uſage de la fameuſe racine de *Ginſen*, que je crois être la Mandragore des anciens. Cette racine merveilleuſe a pluſieurs qualitez admirables; elle rétablit l'eſtomac, réjoüit le cœur, dégage le cerveau, & répare les forces de quelque maniere, & à quelque exercice qu'on les ait perduës.

La Médecine Chinoiſe n'admet point ces longues & fatiguantes conſultations, pendant leſquelles le malade part ſouvent ſans attendre qu'on ait défini ſa maladie. Lorſqu'ils viſitent un malade, ils lui tâtent le poux pendant une heure avec une

at-

attention merveilleuſe. Tout le monde eſt en ſilence : ils ordonnent le remede, & tâchent enſuite de définir la maladie. Les ſimples, les frictions, les bains ſont leurs remedes ordinaires. Ils déſaprouvent la ſaignée, prétendant que la nature ne donne à l'homme que la portion de ſang qui lui eſt neceſſaire, & que ſa maſſe ſe purge & ſe purifie par la tranſpiration & par l'agitation continuelle cauſée par la circulation.

Il n'y a point d'Académie publique de Médecine, & un Maçon peut impunément s'ériger en Médecin, ſans craindre la haine ou le reſſentiment de ceux qui s'attachent à la même profeſſion : de là vient que les Medecins ſont peu conſiderez, & qu'on ne les eſtime qu'à proportion du beſoin qu'on a de leur ſecours.

La petite verole ſe communique d'une maniere particuliere. Lorſqu'ils éprouvent que l'air eſt temperé, que le tems des pluyes ne regne point, & que cette maladie ne peut être par conſequent dangereuſe, ils ſe ſervent d'une poudre qui n'eſt autre choſe qu'une pellicule qu'ils tirent du viſage d'une perſonne attaquée de cette maladie, & qu'ils ſoufflent dans les narines de ceux à qui ils veulent la commumuniquer. La fievre survient peu de tems après, le venin sort & le mal se guérit sans aucun accident.

Il n'y a aucune langue qui soit plus pauvre en expressions. Ces peuples ont plus de soixante mille caracteres, & cependant ils ne peuvent exprimer tout ce qu'on exprime dans les Langues de l'Europe. Ils sont souvent obligez de se servir de l'écriture pour se faire entendre. Chaque mot, comme je vous l'ai dit dans mes Lettres précedentes, a son caractere particulier, ou son hieroglyphe. Imaginez-vous, Monsieur, quelle confusion il y auroit dans notre Langue, si quelqu'un entreprenoit de marquer par un caractere special chaque mot, chaque nom, chaque tems des verbes; & outre les termes ordinaires, ceux des Arts & des Sciences qui nous sont familieres, & dont nous avons des Dictionnaires entiers, c'est-à-dire, les termes de la Peinture, de l'Architecture, de la Géométrie, de la Médecine, de l'Agriculture, de la Philosophie, &c. Quel embarras ne seroit-ce point pour nous, s'il nous falloit étudier tous ces caracteres séparez? Telle est la Langue Chinoise.

Le son des caracteres Chinois ne varie que

que très-rarement, quoique la figure en soit différente, & qu'ils ne signifient pas la même chose. Cette Langue est pleine d'équivoques, & il est presqu'impossible d'écrire ce qu'on entend prononcer à un autre, & de comprendre le sens d'un livre dont quelqu'un fera la lecture, si on n'a le même livre devant les yeux pour reconnoître les équivoques que l'oreille seule ne peut distinguer. Il arrive même quelquefois qu'on n'entendra pas le discours d'un homme qui parlera avec toute l'exactitude imaginable, de sorte qu'il est souvent obligé, non seulement de repeter ce qu'il a dit, mais encore de l'écrire.

Chaque Province a pour ainsi dire son langage ou jargon particulier. Celui de *Fokien* est le plus obscur & le moins intelligible de tous. Lorsque les peuples de ces differentes Provinces sont obligez de commercer ensemble, ils ont beaucoup de peine à se faire entendre, mais cet embarras cesse dès qu'ils écrivent, leurs caracteres étant toûjours les mêmes, non seulement dans tout l'Empire, mais encore chez les Japonnois, les Cochinchinois, & les autres peuples voisins.

Il y a des personnes (& j'étois autrefois

fois de ce nombre) qui croient que cette multiplicité de caracteres est une preuve de la richesse de la langue Chinoise; mais un peu de reflexion m'a fait connoître qu'elle est plûtôt une marque de sa sterilité. En effet ces soixante, ou soixante-dix mille caracteres dont elle est composée, ne seroient point à comparer à la multiplicité des caracteres dont la Langue Latine seroit composée, si on en réduisoit tous les termes à un hieroglyphe particulier. Notre Langue même, qui est beaucoup plus bornée que la Latine, auroit dans ce sens un grand avantage sur la Langue Chinoise. Ajoûtez à cela que les Europeans, tant anciens que modernes, expriment avec 24. lettres, quelques-uns avec 26. tout au plus, toutes les modifications de leur Langue naturelle, au lieu que les Chinois, avec ce nombre de caracteres, ne peuvent pas même fixer leur prononciation, ni le sens des termes de leur Langue. Nos Missionnaires ont été si convaincus de la necessité d'un Alphabet pour pouvoir leur expliquer les mysteres de notre Religion, & les principes de notre Philosophie, (qui

étant

étant inconnus aux Chinois, n'étoient exprimez dans leur langue par aucun caractere) qu'ils ont été obligez d'en composer un, ou de convenir du moins de certains termes avec eux.

Un Chinois, qui parvient à la connoissance de tous ces caracteres, a la réputation de Savant, & il n'acquiert cette science que par un travail assidu, & par une étude continuelle. Vous avez vû, Monsieur, dans mes Lettres précedentes quel est le fruit de cette étude, & les dignitez ausquelles on éleve ceux qui y réussissent le mieux.

Ceux qui veulent soûtenir la réputation des Antiquitez Chinoises, prétendent que ces peuples ont eu une connoissance bien plus parfaite des Arts, qu'ils ne l'ont aujourd'hui, mais que la grande application qu'ils sont obligez d'apporter à l'étude de leurs caracteres, qui n'étoient point autrefois si multipliez, les empêche de cultiver les Arts qui, dans des siecles plus reculez, faisoient leurs délices.

Quoiqu'il en soit, il me semble qu'ils ne s'attachent qu'aux Sciences & aux Arts qui peuvent leur apporter quelque utilité. Le peuple s'applique à l'Agricultuculture & au commerce; les Docteurs à l'étude des Loix. Peu curieux de ce qui se passe au dehors, ils examinent uniquement ce qui se passe au dedans de leur Empire. Les révolutions qui arrivent dans les autres Etats excitent peu leur curiosité, & une connoissance exacte de l'Histoire & des Annales de leur Païs leur suffit. Aussi fiers de leurs Loix & de leurs Coûtumes que soigneux de les cacher aux Etrangers, pour lesquels ils n'ont que du mépris.

Les Chinois ont la réputation d'être Astronomes, Géometres & Mathématiciens, mais je ne sai s'ils la méritent. J'ai seulement ouï dire qu'avant que leur Académie des Mathématiques fût dirigée par nos Missionnaires, les Mandarins qui en étoient les Présidens, & qui avoient le soin de dresser le Kalendrier, y réussissoient si mal, que quelque répugnance qu'ils eussent à ceder à des étrangers, il fallut enfin qu'ils leur commissent le soin de les guider dans ce travail. Les plus sensez sentirent peu à peu leurs erreurs & le ridicule de leur prévention, & profiterent des lumieres & des leçons des Europeans. Ils perfectionnerent un peu leurs operations astronomiques, & les au-

autres Sciences dont ils n'avoient auparavant qu'une idée fort superficielle.

La Philosophie Chinoise ne mérite point non plus, à mon avis, tous les éloges que certains Auteurs lui donnent. Elle n'a rien d'extraordinaire, & que des peuples moins policez que les Chinois n'eussent pû facilement imaginer. Leurs principes, surtout ceux de morale, qui enseignent le respect & la pieté qu'on doit à ses parens, & qui renferment le precepte de ne point faire à autrui ce que nous ne voudrions pas qu'on nous fît ; ces principes, dis-je, sont gravez dans le cœur de tous les hommes, & il n'y a point de Nation, quelque barbare qu'elle soit, qui n'en ait une notion distincte.

Les Chinois n'ont aucune idée claire d'un Souverain Etre, & aucun terme ou caractere pour le signifier. Voilà déja un mauvais préjugé pour leur Metaphysique. Je vous avouë que j'aurois eu quelque peine à croire qu'une Nation si civilisée n'eût pas eu au moins une notion imparfaite d'une Divinité, si je n'avois lû dans l'Histoire de la Chine, composée par le R. P. Martin Martini, Jesuite, la confirmation de ce que plusieurs Missionnaires m'avoient dit à ce sujet. Voic ses termes : *De summo, ac primo rerum Auctore mirum apud omnes silentium, quippe in tam copiosâ linguâ, ne nomen quidem Deus habet. Sæpe tamen utuntur voce Xangti, quâ summum Cœli, terræque gubernatorem indigitant.* J'expliquerai plus bas ce qu'ils entendent par le terme de *Xangti*.

La transmigration des ames, systême qui a été apporté des Indes dans cet Empire, & mille autres rêveries semblables, font assez connoître que leur Métaphysique n'a aucun principe solide.

Leur Physique est aussi imparfaite, & sans entrer dans le détail, rien n'est plus absurde que d'admettre, comme ils font, cinq élemens; le bois, le métal, l'eau, la terre & le feu, dont ils prétendent que l'Univers, les hommes, les bêtes, les plantes, & les corps mixtes sont composez.

La Traduction des Ouvrages de morale de Confucius que le P. Couplet a donné au Public ne prévient pas les Lecteurs en faveur de sa Philosophie. Le détail des absurditez qui y sont répanduës me meneroient trop loin : je vous renvoye au Livre même. On ne peut nier que Confucius n'ait été un grand homme, si on

le

le compare aux Chinois qui étoient ses contemporains, gens qui n'avoient d'autre guide que la nature; mais le parallele ne lui sera plus avantageux, si on le veut comparer avec le moindre des Philosophes Grecs ou Latins. Je crois sur la foi de quelques-uns de nos Missionnaires qu'il fût doué de toutes les vertus morales dont il fait l'éloge dans ses Ouvrages; mais un panégyrique outré paroît quelquefois suspect. Voici ce qu'on m'a dit de ce Philosophe.

Confucius aussi fameux dans les Ecoles Chinoises qu'Aristote dans celles de nos Philosophes Scholastiques, vint au monde environ 500. ans avant la Naissance de Jesus-Christ. Ses Peres étoient de la Province de *Xangtung*, & sa gloire rejaillit sur toute sa famille. Sa sagesse prévint l'âge, & on admira dans son enfance une prudence & un raisonnement parfait. Il fuyoit la compagnie de ceux de son âge, & il offroit au Ciel (*Xangti*) les mets destinez pour sa nourriture. A l'âge de 15. ans il fit un Recueil de toutes les vertus morales que les Auteurs de son tems avoient enseigné, & il commençoit par pratiquer ces vertus avant que d'en donner des leçons aux autres. Lorsqu'il eût atteint l'âge de 20. ans, il se maria, & il composa ce grand nombre d'ouvrages qui l'ont rendu immortel dans cet Empire.

Sa Morale se réduit à cinq articles principaux. Elle traite, 1°. de la pieté des enfans envers leurs peres ; 2°. des devoirs de la femme envers le mari ; 3°. de la fidelité des peuples envers le Prince que le Ciel leur a donné ; 4°. des devoirs de l'amitié, & de la necessité de la societé entre les hommes. 5°. de la subordination qui doit être entre les freres.

La pureté de sa doctrine lui acquit un grand nombre de disciples. Ses livres devinrent le fondement de la Religion des Savans, & personne n'est encore aujourd'hui élevé aux dignitez & aux grands emplois qu'à proportion de l'intelligence qu'ils ont acquis dans les Livres de ce Docteur.

Les peuples de Xantung suivirent quelque-tems ses maximes & ses loix ; mais leurs voisins jaloux de la gloire & de la tranquillité dont ils jouïssoient, resolurent de la troubler, & n'osant pas y employer la force, ils eurent recours à l'artifice. Ils envoyerent au Roi de Xangtung plusieurs jeunes esclaves d'une beauté

té singuliere. L'amour & la mollesse accompagnerent ce presenté fatal, interrompirent les affaires publiques, & firent oublier les Loix. Les Grands & le peuple toûjours trop fideles imitateurs des vices de son Prince, s'abandonnerent à leurs passions, & la Morale de Confucius ne pût resister aux charmes de la beauté.

Ce Philosophe ne pouvant corriger les desordres de sa patrie, ni en être le témoin, prit la fuite. Il parcourut plusieurs Païs où la necessité lui fit quelquefois sentir que pour être Philosophe on ne cesse pas d'être homme. Les peuples, loin de recevoir ses loix, ne le pouvoient souffrir lui-même ; l'austerité de ses mœurs les rebutoit. Cependant tant de disgraces ne le détournerent jamais de l'étude ; toûjours patient, toûjours laborieux, il attira beaucoup de disciples qui éterniserent son nom & sa doctrine. Loin d'avoir l'orgueil si ordinaire à ces Philosophes Stoïques que la Grece vante tant, il ne pouvoit souffrir qu'on lui donnât le nom de Sage, & il disoit que ceux-là seulement le méritoient qui pratiquoient toutes les vertus sans en excepter aucune.

F 4 Tel

Tel est à peu près l'éloge que quelques-uns font de Confucius : mais tous nos Missionnaires ne tombent pas d'accord des mêmes faits, & il y en a qui le considerent comme un athée livré à mille superstitions, & comme l'Auteur des pernicieux systêmes reçûs dans tout cet Empire. Au reste on peut dire ce qu'on veut d'un Philosophe connu seulement depuis 200. ans, & mort il y a plus de 2000. ans. Qui est-ce qui voudra s'amuser à faire la critique de son panégyrique?

Il mourut âgé de 74. ans. Une prédiction de ce Philosophe plongea plus que jamais les Chinois dans l'idolatrie. Il prédit en mourant que dans les siecles à venir il naîtroit un homme dans l'Occident qui seroit la sagesse même, & qui devoit enseigner aux peuples le chemin de la perfection. Un Empereur de la Chine ayant lû cette prédiction dans les Livres de Confucius, environ 65. ans après l'Incarnation de N. S. (tems auquel on prétend que S. Thomas prêchoit la foi dans les Indes) envoya vers l'Occident des Ambassadeurs pour y chercher la veritable Loi, & cet homme divin prédit par Confucius. Ces Ambassadeurs

deurs rebutez par les difficultez qu'ils trouverent dans leur voyage, s'arrêterent dans l'Indostan (Païs situé entre l'Indus & le Gange, Fleuves renommez en Asie) où ils trouverent une Idole fort respectée, dont le culte étoit alors répandu par toute l'Inde. Ils apporterent à la Chine cette Idole avec sa doctrine pernicieuse. De-là naquit l'Idolatrie & la Religion des Bonses. De-là vinrent ces superstitions étranges que la Coûtume & les préjugez, plûtôt qu'un systême suivi, autorisent dans cet Empire.

Il y a trois Sectes principales à la Chine, & chacun est libre d'embrasser celle qui lui plaît le plus, & même d'en faire un mélange bizarre. La Secte des Lettrez étant devenue la plus célèbre, quoiqu'elle soit moins étendue, j'en parlerai d'abord.

Leur doctrine fit de grands progrès sous le Regne de l'Empereur *Yumlô* l'an 1400. Ce Prince ayant choisi 42. Docteurs ou Interpretes, il leur ordonna de faire un corps de Doctrine tiré des anciens Livres, surtout des Ouvrages de Confucius. Ils ne conviennent pas toûjours des mêmes principes, cependant ils ont un systême commun de Morale, dont voici quelques points principaux.

Ils admettent une justice distributive qui recompense la vertu, & qui punit le crime: mais ils croient en même tems que les hommes en ressentent les effets pendant cette vie, ou du moins qu'ils sont après leur mort punis ou recompensez dans la personne de leurs enfans. Ils n'ont aucune idée de l'immortalité de l'ame, & ils croient ou qu'elle meurt avec le corps, ou qu'elle s'anéantit peu de tems après. Je vous avouë que je ne saurois concilier cette opinion avec le culte qu'ils rendent aux ames de leurs ancêtres: car s'ils sont persuadez que ces ames sont mortelles, comment peuvent-ils s'imaginer qu'elles viennent se reposer sur les Tablettes qu'ils mettent sur l'autel érigé en leur honneur? D'ailleurs l'opinion de la Metempsychose que quelques-uns d'entr'eux embrassent, ne détruit-elle pas encore les deux systêmes précedens? Tout est contradictoire dans leurs opinions.

Je remarque en passant que Pythagore, le premier Auteur du systême de la Metempsychose, croioit qu'il y avoit un enfer, où les ames soüillées de crime étoient tourmentées. Il osa allier deux choses si contradictoires, ce qui prouve bien
l'ab-

l'abſurdité de toutes les opinions qui tendent à nier l'immortalité de l'ame.

Les Lettrez Chinois ſuppoſent encore que la Nature eſt une Divinité ou un premier principe très-parfait, ſans commencement & ſans fin, la ſource & l'eſſence de tous les êtres, &c. Les Miſſionnaires n'ont encore pû convenir entr'eux ſi toutes ces magnifiques expreſſions prouvent que cette Secte reconnoît & adore le veritable Dieu. Il y en a pluſieurs qui prétendent que par ces termes les Lettrez entendent cette ame inſenſible du monde qui eſt répanduë, ſelon leur opinion, dans toute la matiere, & qui produit tous les changemens & les viciſſitudes des ſaiſons, &c.

Ils font profeſſion d'adorer le Ciel qu'ils appellent *Tien*, ce Ciel materiel, cette voûte celeſte à qui ils donnent auſſi le nom de *Xangti*, *Souverain Empereur*. C'eſt le terme dont ils ſe ſervent pour nommer Dieu, ſuivant ce que dit le P. Martini, *ſæpè tamen utuntur voce* Xangti, *quâ Cœli, Terræque gubernatorem indigitant*. Ce terme cauſe encore de grandes diſputes entre nos Miſſionnaires. Ils offrent des ſacrifices à Xangti auſſi bien qu'aux esprits qui president aux fleuves & aux montagnes, ou peut-être aux fleuves & aux montagnes mêmes; car il n'est pas encore certain que sous l'idée d'esprit, ils comprennent une substance spirituelle & immortelle.

Que sera-ce donc que cette nature ou ce premier Principe? N'adorent-ils que la vertu active de ce Ciel materiel, par laquelle toutes choses sont produites? L'esprit qui preside à la terre n'est-il autre chose que la vertu active qui la rend féconde? Voilà le fondement des disputes qui regnent depuis si long-tems, & dont je laisse la décision à qui elle appartient.

Il y a encore deux sortes de Doctrine parmi les Lettrez: l'une est secrette & n'est connue que de ceux à qui la nature a donné une élevation d'esprit extraordinaire. L'autre est publique & évidente, & les esprits simples & grossiers en font profession. Les Lettrez croient que la premiere est la veritable doctrine, & que la seconde est absolument fausse, quoiqu'ils en pratiquent exterieurement tous les dogmes. Ainsi pour découvrir leurs sentimens, il ne faut pas s'arrêter à cette pratique exterieure. Leurs opinions for-

forment un mélange monstrueux d'idolatrie & d'athéisme. Ils sont idolatres selon leur doctrine exterieure, & athées suivant les principes de leur Doctrine interieure, du moins c'est-là l'opinion la plus generalement reçûe.

Quoiqu'ils attribuent publiquement à la Nature le pouvoir de produire toutes les choses sensibles & materielles, quoiqu'ils s'écrient qu'il faut adorer le Ciel; qu'ils gravent dans leur Temple ces mots, *King tien, adore le Ciel*; en un mot quoiqu'ils exhortent les peuples à offrir des sacrifices à *Xangti* & aux esprits, je ne sai en verité si on en peut conclure *démonstrativement*, qu'ils reconnoissent un Etre Souverain, ou que l'idée d'une Divinité, telle que nous l'adorons en esprit & en verité, est renfermée sous le nom & dans l'idée de *Xangti*. C'est ce qu'a très-bien remarqué le R. P. Martini Jesuite, quand il a dit, *in tam copiosâ linguâ ne nomen quidem Deus habet*. Une Nation qui n'a point de terme pour exprimer Dieu, peut-elle en avoir quelqu'idée ? Car comme dit Boileau.

Tout ce qu'on conçoit bien s'explique clairement,
Et les mots, pour le dire, arrivent aisément.

Mais les disputes presentes vous instruiront mieux que je ne ferois de la doctrine & de la Religion des Lettrez. Je rentre dans ma coquille.

Le Temple où les Lettrez s'assemblent le plus souvent est celui de Confucius. Il y en a un dans chaque Ville. On y voit dans l'endroit le plus éminent la statue de ce Philosophe ou de ce Saint, (comme l'appellent les Chinois) environnée de plusieurs statues de ses disciples, que le vulgaire met au rang de ses Dieux, *quos Sinæ inter Divos retulere*, dit le P. Trigault Jesuite. Elles sont placées autour de l'autel dans une attitude qui marque le respect & la vénération qu'ils eurent pour leur maître. Tous les Magistrats de la Ville s'y assemblent aux jours de la nouvelle & pleine Lune, & y font un petit sacrifice different de celui qu'ils appellent solemnel, dont je vais parler. Celui-ci consiste à offrir des presens sur l'autel, à brûler des parfums, & à faire les genuflexions ordinaires.

Le Gouverneur ou Mandarin principal de chaque Ville offre deux fois par an (aux deux équinoxes) un sacrifice solemnel à Confucius, auquel tous les Lettrez

trez doivent affifter. Le Sacrificateur, qui eft ordinairement un des Lettrez, fe difpofe à cette ceremonie par le jeûne & par l'abftinence. Il prépare, la veille du facrifice, le ris & les fruits qui doivent être offerts, & il arrange fur les tables du Temple les pieces d'étoffes qu'on doit brûler à l'honneur de Confucius. On orne fon Autel des plus riches étoffes de foye, & on y met fa Statuë, ou les tablettes fur lefquelles fon nom eft gravé en caracteres d'or. Le Sacrificateur éprouve les pourceaux & les chevres qu'on doit immoler, en répandant du vin chaud dans leurs oreilles; s'ils remuent la tête, ils les jugent propres au facrifice; & il les rejette, s'ils ne font aucun mouvement. Avant que d'immoler le pourceau, il fait une profonde inclination, il l'immole enfuite, & en conferve le fang & les poils des oreilles pour le lendemain.

Le jour fuivant, au chant du cocq, on donne le fignal. Le Sacrificateur, fuivi de fes affiftans, fe rend au Temple, où, après plufieurs genuflexions, il invite l'efprit de Confucius à venir recevoir les hommages & les offrandes des Lettrez. Il lave fes mains, tandis que
les

les autres Ministres du Temple allument des bougies & jettent des parfums dans les brasiers qu'on a preparez à la porte du Temple. Lorsque le Sacrificateur est arrivé près de l'Autel, un Maître de cérémonie dit à haute voix: *Qu'on offre les poils & le sang des bêtes immolées.* Alors le Prêtre éleve avec ses deux mains le vase où ce sang & ces poils sont renfermez, & immédiatement après le Maître de cérémonie dit: *Qu'on ensevelisse ces poils & ce sang.* A ces mots tous les assistans se levent, & le Prêtre, suivi de ses Ministres & de toute l'assemblée, porte le vase avec beaucoup de modestie & de gravité, & enterre les poils & le sang des bêtes dans une Cour qui est devant le Temple.

Après cette cérémonie on découvre la chair des victimes, & le Maître de cérémonie dit: *Que l'Esprit du grand Confucius descende.* Aussi-tôt le Prêtre éleve un vase plein de vin, & le répand sur une figure humaine faite de paille, & dit ces mots:

„ Vos vertus sont grandes, admira-
„ bles, excellentes, ô Confucius! Si
„ les Rois gouvernent leurs Sujets avec
„ équité, ce n'est que par le secours de
„ vos

„ vos Loix & de votre doctrine incom-
„ parable. Nous vous offrons tous ce fa-
„ crifice. Notre offrande eſt pure. Que
„ votre eſprit vienne donc vers nous,
„ & nous rejouïſſe par ſa preſence". Le Maître de cérémonie dit enſuite à haute voix : *Civi*, c'eſt-à-dire, mettons-nous à genoux ; & peu de tems après il dit, *Ki*, levons-nous. Le Prêtre lave de nouveau ſes mains, & un des Miniſtres lui preſente deux vaſes, l'un plein de vin, l'autre couvert d'une piece d'étoffe de ſoye. Le Maître de cérémonie dit alors, *Que le Prêtre s'approche du Thrône de Confucius* ; c'eſt-à-dire, de l'Autel où reſide l'Eſprit de Confucius. Le Prêtre ſe met à genoux, & tandis que les Muſiciens chantent des eſpeces d'hymnes à la loüange de ce Philoſophe, il prend la piece de ſoye, l'éleve, & l'offre à l'Eſprit de Confucius : il prend de même le vaſe de vin, & l'ayant offert, le Maître de cérémonie dit ſucceſſivement : *Civi* & *ki*. Le Prêtre brûle enſuite la piece d'étoffe dans une urne de bronze, & il adreſſe cet autre diſcours à Confucius.

„ Depuis que les hommes ont com-
„ mencé à naître juſqu'à ce jour, quel
„ eſt

„ est celui d'entr'eux qui a pû surpas-
„ ser ou même égaler les perfections
„ & les vertus de ce Roi *? L'Esprit
„ de Confucius est superieur à celui des
„ Saints du tems passé. Ces offran-
„ des & cette piece de soye sont pré-
„ parées pour le sacrifice que nous fai-
„ sons, ô Confucius ! Tout ce que
„ nous vous offrons est peu digne de
„ vous. Le goût & l'odeur de ces
„ mets que nous vous presentons n'ont
„ rien d'exquis, mais nous vous les
„ offrons afin que votre Esprit nous
„ écoute.

Le Sacrificateur, après s'être pros-
terné plusieurs fois, prend le vase plein
de vin, & adresse encore deux autres
prieres à Confucius, dont la substance est, *qu'il lui offre avec beaucoup de
zele un excellent vin sans mélange, & 
de la chair de pourceau & de chevre*;
& puis supposant que son Esprit est
descendu, il le prie de recevoir favora-
blement ces offrandes.

Le Maître de cérémonie dit à haute
voix : *mettez-vous à genoux; approchez-
vous*

---

* Les Chinois, outre le nom de Saint, lui
donnent encore celui de Roi, & d'Empereur.

*vous du Temple de Confucius, & buvez le vin de la félicité.* Le Prêtre boit le vin, & un de ses assistans lui donne les viandes immolées. Le Prêtre fait ensuite une nouvelle priere en ces mots.

„ Nous vous avons fait ces offran-
„ des avec plaisir, & nous nous per-
„ suadons qu'en vous offrant toutes ces
„ choses, nous recevrons toutes sor-
„ tes de biens, de graces & d'hon-
„ neur". En même-tems il distribue les viandes aux assistans, & ceux qui en mangent croient que Confucius les comblera de bienfaits, & les préservera de tous maux.

Enfin on termine le sacrifice en reconduisant l'Esprit de Confucius au lieu d'où l'on suppose qu'il est descendu.

Que pensez-vous, Monsieur ? de l'aveuglement de ces Lettrez ? Cependant ce culte fait une partie de leur Religion. Il faut y ajoûter celui qu'ils rendent aux Esprits, ou aux ames de leurs ayeux jusqu'au quatriéme degré.

Ils honorent les morts en trois tems differens. 1. Avant qu'ils soient inhumez; 2. De six en six mois dans leurs maisons, où il y a toûjours un Temple,

ple, ou du moins un Autel dédié aux Esprits de leurs ancêtres. 3. Vers le commencement de Mai. Dans ces deux dernieres occasions ils exposent sur une table faite en forme d'autel des tablettes, où les noms de leurs ayeux sont gravez en lettres d'or. C'est là le siege de leurs Esprits, suivant ces mots qui y sont écrits, *Xinchù, le siege de l'ame*. Ils offrent devant ces tablettes des viandes, du ris cuit, des fruits, du vin, & des parfums. Les Livres ou Rituels prescrivent la matiere dont elles doivent être formées, leur longueur, leur largeur, &c. Les peuples sont persuadez que le bonheur de leurs familles & l'heureux succès de leurs affaires dépendent de ce culte. Ils croient que les ames de leurs ayeux voltigent réellement autour de ces tablettes, & ils font souvent brûler en leur honneur des parfums & des morceaux de papier taillez en forme de monnoye. Dans les Temples publics qui sont dédiez aux ancêtres de quelque famille illustre, ils leur offrent des sacrifices solemnels, & ils les prient de leur accorder tous les biens temporels qui peuvent contribuer au repos & à la félicité.

Le Tito d'Emoüy avoit fait élever aux por-

portes de cette Ville un Temple superbe aux Esprits de ses ayeux. Cet ouvrage étoit achevé depuis peu lorsque j'arrivai à la Chine. Il y fit, il y a quelque-tems, un sacrifice solemnel, auquel le R. P. Laureaty me conseilla d'assister, pour satisfaire la curiosité que j'avois de voir toutes les cérémonies Chinoises. J'allai au Temple, & on me plaça dans un lieu à l'écart, d'où je pouvois voir toute la cérémonie. Ceux qui devoient y assister s'étoient assemblez à la porte du Temple avant le lever du Soleil. Le *Chùchi* ou Sacrificateur étoit accompagné de deux Ministres appellez *Fuchi* & de plusieurs autres personnes qui devoient aussi servir au sacrifice. Ils s'étoient préparez à cette cérémonie par un jeûne de trois jours, pendant lesquels ils avoient vêcu en continence sans manger de viande, & sans boire de vin.

Le Temple étoit magnifiquement orné. Les Tablettes y étoient exposées sur une grande table en forme d'autel, & couvertes d'un grand voile. On avoit placé à un coin de l'Autel une figure humaine de paille qui representoit, à ce que je crois, le corps du deffunt, à l'honneur de qui on faisoit particulierement ce sacri-

sacrifice. Les tables étoient couvertes de mets differens, comme poules, fruits, poissons, vin, ris, &c.

Aussi-tôt que le Prêtre fut entré dans le Temple, il lava ses mains, & s'approcha de l'Autel avec tous ses Ministres. Il dévoila & exposa à la vûë du peuple les tablettes des ayeux. Alors tous les assistans se mirent à genoux, & se prosternerent la face contre terre. Le maître de cérémonie dit à haute voix :

„ Nous qui sommes des enfans respec-
„ tueux envers nos peres, nous vous ser-
„ vons & nous vous honorons aujour-
„ d'hui, & nous vous supplions de venir au
„ milieu de nous pour recevoir nos vœux
„ & nos offrandes.

Le peuple s'étant mis à genoux trois fois de suite, & s'étant relevé autant de fois, le maître de cérémonie cria :

„ Que le Sacrificateur vienne auprès
„ de l'Autel, & qu'il se prosterne devant
„ les Esprits ; les Esprits sont déja descen-
„ dus ; qu'on leur offre des viandes ". Un des Ministres prit alors un vase plein de vin, & le mit entre les mains du Sacrificateur qui le répandit sur la figure humaine de paille dont j'ai parlé. Le peuple se prosterna de nouveau, & le Prêtre

tre offrit devant les tablettes des viandes & des fruits.

Le maître de cérémonie cria encore, mais d'une voix plus forte qu'auparavant: *Buvez le vin de la felicité, qu'il soit la source des biens & des faveurs.* Le Prêtre ayant bû le vin, fit cette priere:

„Illustres ancêtres, vous avez com-
„mandé au maître de cérémonie de nous
„promettre de votre part des biens sans
„fin. C'est vous qui procurez à vos des-
„cendans les dons magnifiques du Ciel,
„& qui nous donnez des moissons abon-
„dantes, une longue vie, &c."

Après cette courte oraison, chacun se mit à genoux. J'admirai la promptitude avec laquelle ils obéissoient à la voix du maître de cérémonie. Le Prêtre & ses Ministres prirent les tablettes des ancêtres, & les couvrirent comme elles étoient auparavant. Les viandes & les fruits furent distribuez aux assistans, & le maître de cérémonie termina cette fonction par ces mots:

„Soyez assurez qu'en recompense de
„ce sacrifice, vous recevrez toutes sor-
„tes de faveurs, de biens & de richesses,
„une heureuse & abondante lignée, une
„longue vie, le repos & la paix.

Le Prêtre ayant repeté les mêmes paroles, mit le feu à un monceau de morceaux de papier doré, ronds & taillez e forme de monnoye. Chacun fit ensuit un certain nombre de révérences & d génuflexions au *Titô* avant que de sorti du Temple.

Le Titô reçût pendant plusieurs jour les complimens des principaux de la Ville Ils lui envoyerent des presens de viandes de fruits, & même d'argent, car ce n'e point une incivilité parmi eux que de re cevoir ou d'envoyer une somme d'argent même modique, en forme de present.

Tous les Livres Chinois, qui traiten de morale, exhortent les enfans à respecter leurs ancêtres, & à rendre à leurs parens pendant leur vie une obéïssance aveugle. Cette Loi que la nature grave dans nos cœurs, & qui est commune à toutes les Nations, est belle dans son principe, mais les Chinois l'ont beaucoup défigurée par leurs superstitions. En effet rien n'est plus étrange que de voir un peuple demander aux ames de ses ayeux des biens & des graces pendant cette vie, tandis qu'il croit que ces mêmes ames sont mortelles, ou qu'elles animent d'autres corps, suivant les deux systêmes de

la

la Metempsychose & de la mortalité de l'ame. Comme les cérémonies qu'ils observent dans les funerailles font encore une partie considerable de leur Religion, elles demandent un détail particulier.

On peut dire que si le luxe des Chinois éclate en quelque chose, c'est principalement dans l'appareil pompeux des funerailles. Les plus riches épuisent leurs tresors, & les plus pauvres font des efforts au dessus de leurs forces pour témoigner à leurs peres, par de vaines cérémonies, leur respect & leur amour: ce point d'honneur & la superstition ne leur permettant pas de garder la médiocrité dans les derniers devoirs qu'ils leur rendent.

Ces cérémonies sont exactement décrites en plusieurs volumes; chacun les consulte dans l'occasion, afin d'ordonner la pompe funebre, selon l'ordre qui y est prescrit.

Leurs habits de deuil sont blancs; mais pendant les premiers mois du deuil qu'ils portent pour la mort de leurs peres ou de leurs meres, ils sont couverts d'un sac de grosse toile depuis les pieds jusqu'à la tête. Ils ont autour des reins une ceinture de corde, & rien n'est plus lugubre & de

*Tome II.* G plus

plus triste à voir que leur figure.

C'est une coûtume inviolable par tout cet Empire de porter le deuil d'un pere ou d'une mere pendant trois ans. Ces trois années étant, selon leur Rituel, une juste compensation des années de leur enfance, pendant lesquelles leurs peres & leurs meres les ont portez entre leurs bras. Le deuil des autres parens est moins long, & se regle selon le degré de parenté.

Lorsqu'un Chinois meurt, son fils aîné, ou à son défaut son plus proche parent, donne avis de sa mort à tous ses amis par une lettre ou cahier circulaire, où cette nouvelle est annoncée dans les termes que l'usage prescrit. Ils font un cercueil de bois de cedre enduit d'un vernis très-épais, & ils y renferment le cadavre.

Après avoir paré la Chambre principale de la maison d'étoffes blanches & de plusieurs autres ornemens de deuil, ils dressent un Autel sur lequel ils placent le cercueil & l'effigie du deffunt. Pendant les quatre ou cinq premiers jours les amis & les parens, vêtus de deuil, viennent les uns après les autres à l'heure qui leur est prescrite, rendre leurs derniers devoirs au mort. Ils brûlent sur l'Autel plusieurs

sieurs sortes de parfums, & jettent des grains d'encens dans une urne ou brasier qui est à côté du cercueil. Ils allument des cierges sur l'Autel, & tandis qu'ils brûlent, ils témoignent au deffunt leur vénération par plusieurs inclinations & génuflexions. Il y en a qui, pour lui donner des marques plus éclatantes de leur bienveillance, brûlent du papier doré, & même des pieces d'étoffes de soye blanche, croyant que ce presént lui sera utile dans la vaste Region des morts.

Tandis qu'ils s'acquittent de ces devoirs d'amitié, le fils aîné du deffunt, ou, s'il n'a pas d'enfans, son plus proche parent est à leur côté dans la posture d'un homme affligé, mais dont la douleur s'exhale plus par les soupirs que par les pleurs. Il est obligé de se prosterner devant les amis de son pere autant de fois que ceux-ci se prosternent devant son cercueil. Les Concubines & les femmes esclaves, cachées derriere un rideau, font retentir la maison de leurs cris. En un mot tout marque de la douleur & de la desolation.

Il y a des enfans qui, pour mieux témoigner leur tendresse & leur respect envers leurs peres, gardent leurs cadavres dans leur maison pendant trois ou quatre ans, quoiqu'ils ne les embaument point ; le cercueil est enduit d'un vernis si épais, que la puanteur ne peut le penetrer, ni causer aucune incommodité. Ils leur presentent tous les jours à manger & à boire de la même maniere que s'ils vivoient encore.

Pendant tout le tems que dure le deuil, ils n'ont d'autre siege qu'un escabeau couvert d'une serge blanche, & ils dorment à terre auprès du cercueil sur une simple natte tissuë de roseaux. Ils ne mangent point de viande, & ne boivent point de vin. Il y en a même plusieurs qui s'interdisent tout commerce avec leurs femmes. Ils ne peuvent assister à aucun spectacle public ou particulier, ni à aucun repas de cérémonie, & s'ils sortent en public, (ce qu'ils ne peuvent faire qu'après un certain tems prescrit) ils se font porter dans une chaise à Porteurs couverte de drap blanc.

Lorsque le jour marqué pour les funerailles est arrivé, les parens & amis du deffunt sont invitez, par une nouvelle Lettre circulaire, d'assister au convoi. Ils s'assemblent dans la maison du mort revêtus de leurs habits de deuil, & ils accommodent

Tome 2. Pag. 4

modent leurs visages à la tristesse de la cérémonie. Ils disent les derniers adieux au défunt, & brûlent derechef du papier doré sur le cercueil. Ils se prosternent ensuite, & battent plusieurs fois la terre de leur front. Le fils du deffunt les accompagne tour à tour dans ce triste & penible exercice, & est obligé de se prosterner autant de fois que chacun des parens & amis en particulier.

La marche du Convoi commence par plusieurs domestiques qui portent diverses statuës de carton, qui sont destinées à être brûlées devant le tombeau. Les statuës representent des femmes, des esclaves de l'un & de l'autre sexe, des Tigres, des Elephans, & d'autres animaux. Cette circonstance me persuade encore plus que les Chinois ont tiré une grande partie de leurs superstitions des Brachmanes & des Gymnosophistes des Indes; car nous voyons dans les Relations anciennes, que les femmes & les Esclaves de ceux-ci se jettoient d'un air gai dans le bucher qui étoit preparé pour brûler le cadavre de leur mari. Les Chinois plus humains se contenterent apparemment d'enjoindre à leurs femmes de se brûler seulement en effigie.

Les Bonſes, c'eſt-à-dire, les Miniſtres des Idoles, viennent enſuite, marchant deux à deux, & portant l'Autel dreſſé à l'ame du deffunt. Les uns tiennent des banderolles garnies de ſonnettes, les autres portent toutes ſortes d'inſtrumens de muſique avec leſquels ils joüent des airs ridiculement triſtes. Les plus conſiderables d'entr'eux tiennent en main des encenſoirs & des eſpeces de caſſolettes dont ils parfument les ruës. Le cercueil paroît enſuite. Il eſt couvert d'un drap mortuaire d'étoffe de ſoye blanche brodée, & eſt porté par 20. ou 30. hommes, & même par un plus grand nombre, ſuivant la dignité & le rang du défunt. Le fils aîné du deffunt, ou à ſon deffaut le plus proche parent, couvert d'un long ſac, & ceint d'une ceinture de corde, marche à pied avec un bâton auprès du cercueil. Il courbe ſon corps, & il paroît accablé ſous le poids de ſa douleur. Les filles & les concubines du deffunt, portées dans des chaiſes couvertes, viennent enſuite : on ne les voit point, mais en recompenſe on les entend crier à plein geſier.

Il n'y a point de famille Chinoiſe qui n'ait ſon tombeau particulier au dehors de de la ville (car on ne souffre point qu'on inhume les morts dans son enceinte) ils choisissent quelque côteau, ou plaine voisine dans laquelle ils élevent un tombeau en forme de fer à cheval; & sur la pierre principale, ils écrivent le nom de la famille à qui il appartient. Ces tombeaux, que l'on apperçoit dans les campagnes, forment un point de vûë qui n'a rien de désagréable. Ils sont bâtis de pierres, & ornez de statuës & d'Epitaphes. Ils y viennent tous les ans à certains jours solemnels: ils y allument des cierges, brûlent des parfums, & font un banquet à l'honneur des morts.

Lorsqu'on est arrivé au lieu de la sépulture, on dresse une table près de la tombe. Un homme habillé de noir met la main sur un coin de cette table. Il a la vûë égarée; il roidit tous ses nerfs, sa bouche écume, il frappe l'air de ses mains, & après une agitation violente, il tombe dans une espece d'extase. Il en sort un moment après, & écrit sur du papier rouge quelques paroles dont j'ignore la signification, quoique je l'aye souvent demandée. On brûle ensuite ce papier sur le cercueil avec beaucoup de cérémonie. Les femmes du deffunt, & celles qu'on paye pour pleurer, ne cessent point de jetter des cris jusqu'à ce que le repas destiné pour le mort soit preparé. Alors les vivans font l'office du mort, & le vin noye insensiblement les déplaisirs. On se console reciproquement, & on se dit, (du moins je le suppose.)

Scilicet hæc manes credis curare sepultos?

Après ce repas les parens & les amis commencent de nouveau leurs génuflexions, & le fils les accompagne tour à tour dans cet exercice comme auparavant. J'omets plusieurs autres cérémonies que vous avez pû voir décrites plus amplement dans les Relations de nos Missionnaires.

J'ajoûterai pourtant encore deux choses; la premiere est que si un pere meurt pendant l'absence de son fils, on differe la cérémonie des funerailles jusqu'à ce qu'il soit arrivé; si-tôt qu'il apprend la nouvelle de la mort de son pere, il en donne part aux amis qu'il s'est fait dans le Païs où il est, & il reçoit leurs complimens de condoléance de la maniere que je l'ai dit ci-dessus. Il part ensuite pour retourner dans sa Patrie le plus promptement qu'il lui est possible, & il fait la cérémonie que je viens de décrire. Il
ne

ne peut, suivant la Loi, être pourvû d'aucun emploi, ni se marier pendant les trois années de deuil ; & quand même il seroit revêtu de la premiere dignité de l'Empire, il est obligé d'en suspendre les fonctions jusqu'à ce que le tems du deuil soit expiré.

La seconde remarque est que si quelqu'un meurt hors de sa Patrie, celui qui a le soin des funérailles n'épargne aucune dépense pour le faire transporter dans le Tombeau de ses Ayeux.

Outre les Temples dédiez à Confucius, & aux Ames des Ayeux, les Lettrez en érigent encore d'autres aux Esprits Tutelaires des Villes & des Tribunaux, ausquels ils sont attachez, par leurs emplois. C'est dans ces Temples qu'ils promettent, par un serment solemnel, d'administrer la Justice avec équité & avec droiture, & c'est dans cette fonction qu'on leur donne le Sceau de leur Charge. Ils offrent à ces Esprits des viandes & des parfums, & leur rendent tout le culte imaginable. Venons maintenant aux deux autres Sectes idolâtres.

L'une a pour Fondateur *Lilaôkiùn*, Philosophe qui vivoit quelque tems avant Confucius. Il fit plusieurs Ouvrages de Morale pour exhorter les hommes à la pratique de la vertu & au mépris des richesses & des honneurs. Il les invitoit sans cesse à rechercher cette solitude heureuse, dans laquelle l'ame s'éleve au dessus des choses de la terre, & secoue le joug de la matiere. Jusques-là sa morale étoit assez pure en apparence, mais ayant ensuite enseigné que l'Etre Souverain qui gouverne toutes choses étoit revêtu d'un corps terrestre, les Disciples s'abandonnerent à la magie, firent croire au peuple ignorant qu'ils avoient trouvé le secret de rendre les hommes immortels. Si l'Etre Suprême, dirent-ils, ressemble à nous, nous pouvons nous égaler à lui. Il est incroyable combien les Chinois sont avides de l'immortalité. La plûpart des gens riches ont l'entêtement de chercher la Pierre Philosophale, & un breuvage qui puisse les rendre immortels : folie qui subsiste parmi eux depuis plus de deux mille ans, sans que l'experience ait pû les guerir.

Les Sectateurs de *Lilaôkiun* dresserent un Temple à leur Maître, & lui décernerent les honneurs divins. Leur pernicieuse doctrine multiplia les Idoles, &

consacra la superstition & l'erreur. On ne vit plus qu'Apothéoses. On dressa des Autels aux Empereurs & aux Magistrats qui s'étoient signalez dans le gouvernement de l'Etat, & le peuple adora son Ouvrage. Ils admirent aussi des Esprits qui présidoient au gouvernement des Elemens, sans considerer que ce systême détruisoit celui de *Lilaôkiun*, loin d'en être une conséquence; car si cet Etre Suprême, revêtu d'un corps terrestre, a besoin de ces Esprits pour conserver l'ordre dans la nature, il cesse d'être Etre Suprême & infini, comme *Lilaôkiun* le prétendoit. Quel enchaînement d'absurdité! Il y a des Auteurs qui prétendent que la doctrine de Confucius arrêta le progrès de celle de *Lilaôkiun*, mais elle eut pourtant toûjours quelque Sectateur.

La troisiéme Secte nommée *Omitofoé*, ou *Sciequia* est celle des Bonses, qui élevent des Temples à Foë & à d'autres Idoles. La doctrine de cette Secte fut apportée des Indes l'an de grace LXV. comme je l'ai rapporté ci-dessus. Elle établit la pluralité des Mondes, & la Métempsychose, systême qui est aussi adopté par plusieurs Lettrez: car il faut remarquer qu'il y en a beaucoup qui professent extérieurement tous les systêmes extravagans de la Secte des Bonses, ou par politique, (comme fait l'Empereur regnant) ou par d'autres motifs, quoiqu'ils en connoissent peut-être intérieurement le ridicule & les absurditez.

Les Bonses racontent que Foë s'écria en naissant qu'il étoit le seul qui devoit être honoré dans le Ciel & sur la terre. Ainsi sa Divinité n'est fondée que sur la sotte crédulité de ceux qui l'ont crû sur sa parole. Cet imposteur mourut à l'âge de 79. ans. Il établit l'Idolâtrie pendant sa vie, & l'Athéisme à l'heure de sa mort. Après avoir avoüé en mourant qu'il avoit trompé tout le monde, il persuada à ses disciples que le néant & le vuide étoient les principes de toutes choses, & il débita une infinité d'erreurs, qui furent la source de toutes les absurditez de cette Secte. Car les Chinois non contens de recevoir la Doctrine de Foë telle qu'elle étoit dans son principe parmi les Indiens, ils y ajoûterent de nouvelles rêveries, & le Commentaire qu'ils firent fut encore plus extravagant que le Texte. En

En conséquence de cette doctrine, les Bonses établissent deux Loix, l'une extérieure, l'autre intérieure. La premiere enseigne à discerner le bien d'avec le mal; elle attache une récompense & une punition aux vertus & aux vices. Les ames, disent-ils, passent dans d'autres corps, & dans d'autres Mondes, où ils sont punis ou recompensez suivant leurs bonnes ou leurs mauvaises actions. La seconde Loi est un Athéisme évident. Le vuide qu'ils reconnoissent pour le principe de toutes choses, est, disent-ils, souverainement parfait & tranquille. Il est sans commencement, sans fin, sans connoissance, sans mouvement. Or pour être heureux, il faut tâcher de devenir semblables à ce vuide, en surmontant ses passions, ensorte que l'on soit comme insensible aux choses de ce monde, & que l'ame soit abîmée dans la contemplation. Quand on est parvenu à ce degré de perfection, on peut alors enseigner aux autres les pratiques de la doctrine exterieure, sans cependant interrompre la tranquillité, & cette indifference secrette qui fait le caractere de la doctrine interieure.

Mais comme le tems ne fait qu'empirer les choses qui sont essentiellement mauvaises, ce double systême fut encore défiguré par la multiplicité des Idoles qu'on donna pour compagnes à *Foë*.

L'Idole de *Foë* est représentée dans les Temples ou Pagodes sous la figure d'un homme d'une grosseur démesurée. On y voit aussi une autre prétenduë Divinité qui n'est pas moins respectée. On la nomme *Coanginpussao* dans cette Province, mais je ne sai si elle porte communément ce nom dans tout l'Empire. Elle est représentée sous la figure d'une femme qui tient un enfant entre ses bras, de la même maniere que nous exposons l'Image de la Bienheureuse Vierge sur nos Saints Autels. Les Anglois, par dérision, la nomment *Sancta Maria*, & font accroire aux Chinois que nous offrons à la sainte Vierge les mêmes sacrifices qu'ils offrent à leur *Coanginpussao* : fanatisme étrange que les Anglois un peu sensez ne peuvent se dispenser de condamner.

La Fable dit que cette Déesse est vierge, & qu'elle n'a jamais voulu é-
cou-

couter ni satisfaire les desirs des autres Dieux dont elle étoit aimée. *Foë* en a toûjours été inutilement amoureux; & les Fables Chinoises rapportent les differentes métamorphoses de l'un & de l'autre. Je n'en rapporterai qu'une, car il seroit superflu d'entrer dans le détail de leurs recits fabuleux.

On voit dans la Province de Fokien un Pont dont l'architecture est moins admirable que la maniere extraordinaire dont il fut bâti. Les eaux, qui tomboient avec impétuosité du haut des Montagnes, inondant les plaines d'un certain Canton, rendoient les chemins impraticables, & formoient des torrens, qui par leur rapidité entraînoient les bestiaux & déracinoient les arbres. Les Habitans de ces Contrées auroient bien voulu bâtir un Pont & opposer une digue au débordement des eaux, mais n'ayant point de fonds suffisans pour executer ce projet, ils n'osoient l'entreprendre. L'obligeante *Coanginpussao*, touchée de compassion, descendit en terre & prit la figure d'une jeune fille, belle & aimable : sa beauté étoit si prodigieuse que tous les peuples voisins accouroient pour la voir.

La

La voir & l'aimer ce fut même chose. La Déesse qui avoit attendu cet effet de ses charmes, promit de se donner à celui qui pourroit la toucher en lui jettant des monnoyes de cuivre, qui étoient en usage dans ces Cantons.

L'empressement du peuple égala son amour. Toute autre qu'une Déesse auroit été accablée sous le poids des monnoyes qu'on lui jetta; mais elle sût esquiver cette grêle avec une agilité merveilleuse, & rioit des vains efforts de ses amans. *Foë*, toûjours amoureux & jamais aimé, se mêla dans la foule sous la figure d'un jeune homme, esperant qu'il seroit plus adroit ou plus heureux. *Cuanginpussao* qui n'avoit imaginé ce stratagême que pour recueillir une somme qui pût suffire à la construction du Pont, ayant reconnu son amant, disparut aussitôt, laissant au peuple étonné une haute idée de son adresse & de sa beauté.

Jugez, Monsieur, du merveilleux des Chroniques Chinoises par cet échantillon. Chaque Province a ses Fables particulieres, & les Bonses fondent une grande partie de leur Religion sur les Inventions fabuleuses que le Diable ou

*leur*

leur imagination déreglée leur suggere.

Cette *Coanginpuſſao* est quelquefois repreſentée dans les Temples avec cent bras. Ce n'eſt plus alors le viſage d'une Vierge modeſte, c'eſt l'image d'une Furie menaçante. On lui donne le plus ſouvent pour baſe une fleur large & ouverte, ſemblable à la tige d'un artichaud.

Les Chinois adorent pluſieurs autres Idoles, à qui ils attribuent le pouvoir de guerir les differentes maladies dont les hommes ſont affligez. L'une eſt repreſentée ſous la figure d'un homme qui tient une lance d'une main, & qui éleve l'autre devant ſes yeux dans la même attitude que ſeroit une perſonne qui feroit des efforts pour apercevoir quelqu'objet éloigné. Il a la faculté de voir tout ce qui ſe paſſe à mille lieuës à la ronde, & de guerir le mal des yeux.

Il y en a un autre qui eſt repreſenté à peu-près dans la même attitude, avec cette difference qu'il tient une main élevée auprès de l'oreille, comme un homme qui fait attention à un bruit ſourd qu'il n'entend que confuſément. Il guerit de la ſurdité, & entend ce qu'on dit

à

à cent lieuës à la ronde. Il en est ainsi des autres Idoles, chacune a son symbole & sa vertu particuliere.

Les Bonses reconnoissent encore des Dieux bons & mauvais, & il semble, qu'à l'imitation des Manichéens, ils adorent deux Principes, *Yn & Yang*, l'un bon & l'autre mauvais; celui-ci, caché & imparfait; celui-là, manifeste & parfait. Par exemple, si la goute, maladie inconnuë sous ce climat, attaquoit un Chinois, il forgeroit aussi-tôt deux Divinitez, l'une qui auroit la vertu de guerir ce mal, l'autre qui auroit celle de l'envoyer.

Parmi ces Dieux malfaisans, dont la nature est encline à la malice, & qui causent toutes les maladies que les autres Dieux guerissent; il y en a cinq qui sont fort redoutez, & que le peuple ne revere que par la crainte qu'il a de leur pouvoir. Les uns les nomment les cinq Empereurs. Ces Dieux, ou ces Diables apportent dans les Païs où ils s'arrêtent la famine, la peste & tous les maux qui sortirent jadis de la boëte de Pandore. Ils sont toûjours errans, & les peuples ne craignent rien tant que leur voisinage. Ils tâchent d'appaiser ces cruelles Divinitez par leurs sacrifices & par leurs offrandes. Ils font tous les ans une Fête en leur honneur, & si quelque maladie Epidémique regne dans le Païs, ils les prient aussi-tôt de se retirer, & de ne pas faire un plus long sejour sur leurs terres. Et afin qu'ils puissent se transporter au plûtôt dans d'autres Contrées, sans souffrir dans leur voyage par la disette des vivres; ils leur offrent des provisions de ris, de viandes, de fruits, de confitures, &c. Mais parce qu'il peut aussi arriver que ces Dieux ayent envie de voyager par mer, ils font construire un petit Vaisseau doré & orné de banderolles de diverses couleurs; ses cordages sont de soye, & ses voiles sont faites de roseaux dorez. On dresse sur la poupe une table couverte de mets feints, autour de laquelle les cinq Satyres, ou Diables couronnez, sont assis. Les Bonses portent ce petit bâtiment par toutes les ruës de la Ville avec beaucoup de cérémonie & de pompe. On le lance ensuite à l'eau; il flotte au gré du vent qui le conduit tantôt d'un côté, tantôt d'un autre. Si quelque Pêcheur des Païs voisins le rencontre, il le transporte loin du

riva-

rivage qu'il habite, & tâche de lui faire prendre une autre route.

Cette cérémonie se pratique, principalement sur les Côtes maritimes de la Chine, dans le mois de Septembre, saison pendant laquelle l'usage desordonné des fruits cause beaucoup de maladies.

Il n'y a aucune superstition qui soit plus generale que celle qui consiste à observer les jours heureux ou malheureux. Toutes les actions de leur vie dépendent, pour ainsi dire, de cette observation. On vend publiquement de certains Almanachs, qui sont comme leurs oracles, & dans lesquels ils croient trouver ce qu'ils doivent faire ou ne pas faire chaque jour, quelles sont les heures & les momens funestes. Il y a aussi des Charlatans qui se mêlent de prédire l'avenir, de tirer l'Horoscope; & la crédulité des peuples va si loin, qu'ils ne peuvent se desabuser de leurs impostures, lors même qu'ils en éprouvent la fausseté. S'ils entreprennent quelque voyage, le Devin indique l'heure qui est propre au départ, & quelque tems qu'il fasse, qu'il pleuve ou qu'il vente, ils commencent leur voyage à l'heure marquée. Ils ne

sont

font pas moins foigneux de faire obferver par leurs Genethliaques le moment de la naiſſance de leurs enfans, & de payer cherement des prédictions dont l'interêt eſt toûjours l'oracle : en quoi nous autres Europeans nous ſommes ſouvent aſſez fols pour les imiter.

Il y a ſous le Portique d'un Temple d'Emoüy un grand homme ſec, vraie phyſionomie de Sorcier, qui par ſon babil & par ſes ruſes s'eſt attiré un crédit confiderable parmi le peuple. Non content de vouloir prédire l'avenir par l'obſervation des Etoiles, il prétend encore décider du ſort d'un homme en formant ſa figure avec de l'argile. Ces figures ſont ſi reſſemblantes aux originaux, qu'il y a peu de Peintres qui puſſent, avec le pinceau, attraper auſſi exactement tous les traits d'un viſage. Le deſir d'avoir une figure de ſa façon, qui me reſſemblât, m'engagea à l'aller trouver : il me fallut ſubir toutes les formalitez qu'il mettoit ordinairement en pratique, comme d'examiner la main, de tracer des lignes & des cercles, &c. Après ces premieres cérémonies, il prit de la terre graſſe, la pétrit, & forma en moins de deux heures une petite ſtatuë haute d'un d'un pied & demi, laquelle représentoit parfaitement tous les traits de mon visage. Il ne voulut point me la donner sans me prédire auparavant le mal qui devoit m'arriver : il me dit donc d'un ton triste & mélancolique que je ferois naufrage en m'en retournant dans ma Patrie, & que je pouvois par avance perdre l'esperance de la revoir. Je l'interrogeai ensuite sur les principaux évenemens de ma vie passée, (car il se vantoit de pénetrer dans les tems futurs) il me répondit cent choses vagues, entr'autres que je n'avois jamais eu de penchant pour les femmes. Cette derniere preuve de son habileté me rassura un peu sur la crainte du naufrage qu'il m'avoit prédit.

Les Chinois vérifient néanmoins quelquefois les prédictions de ces imposteurs, & il arrive que la crainte de la mort, qu'on leur a prédit, les fait tomber dans une langueur qui les conduit au tombeau.

Je ne crois pas, Monsieur, que dans le reste de l'Asie, l'Idolâtrie ait érigé au Diable de si beaux Temples qu'à la Chine. Les plus magnifiques sont au dehors des Villes, & on commet aux Bonses qui les habitent le soin de les entretenir.

nir. Ces Edifices ou Pagodes sont plus ou moins grands selon les richesses, ou la devotion de ceux qui les ont fondez. Ils sont ordinairement situez sur le Côteau des Montagnes, & il semble que dans la construction de leurs Pagodes, les Chinois veulent tout devoir à l'art, & rien à la nature. Quoique les Montagnes soient arides, les Bonses entretiennent dans ces Pagodes un printems éternel. Ce sont des solitudes charmantes: tout y est pratiqué avec tant d'ordre, que le goût le plus bisarre n'y trouve rien à desirer, soit pour la fraicheur, (qui est un agrément essentiel sous un climat aussi chaud) soit pour la commodité. Ils font couler les eaux du haut des Montagnes par plusieurs canaux, & ils les distribuent aux environs & dans l'interieur du Pagode, où il y a des bassins & des fontaines pour les recevoir. Ils plantent des bosquets & des avenues d'arbres, dont l'hyver semble respecter les feuilles. Je me contenterai de vous faire une courte description du Pagode principal de l'Isle d'Emouy, parce que tous ces Edifices ont beaucoup de rapport les uns aux autres, quant à la situation & à l'architecture.

Le grand Pagode d'Emouy est à deux milles de la Ville, & est situé dans une plaine qui se termine d'un côté à la mer, & de l'autre à une montagne fort haute. La mer, par differens canaux, forme devant ce Temple une nappe d'eau bordée d'un gazon toûjours verd. La face de cet Edifice est de trente toises: le portail est grand & orné de figures en relief, qui sont les ornemens les plus ordinaires de leur Architecture. On trouve en entrant un vaste portique pavé de grandes pierres quarrées & polies, au milieu duquel il y a un autel où l'on voit une statue de bronze doré qui represente *Foé* sous la figure d'un Colosse assis, les jambes croisées. Aux quatre angles de ce portique, il y a quatre autres statues qui ont dix-huit pieds de hauteur, bien qu'elles soient representées assises : elles n'ont rien de regulier ; mais on ne peut assez en admirer la dorure. Chacun de ces Colosses est fait d'un seul morceau de pierre : ils ont en main differens symboles qui désignent leurs qualitez, comme autrefois dans Rome Payenne, le Trident & le Caducée désignoit Neptune & Mercure. L'un tient entre ses bras un serpent qui fait
plu-

Tome 2. Pag. 108.

plusieurs replis autour de son corps; l'autre tient un arc bandé, & un carquois: les deux autres ont, l'un une espece de hache d'armes, l'autre une guitarre, ou quelque chose d'approchant.

En sortant de ce portique, on entre dans une avant-court quarrée, & pavée de longues pierres grises, dont la moindre a dix pieds de longueur, & quatre de largeur. Il y a aux quatre côtez de cette cour quatre pavillons qui se terminent en dômes, & qui se communiquent par un corridor qui regne tout autour. Dans l'un il y a une cloche qui a dix pieds de diametre: on ne peut trop admirer la charpente qui sert de suport à cette lourde masse. Dans l'autre, il y a un tambour d'une grandeur démesurée, & qui sert aux Bonses à annoncer les jours de la nouvelle & pleine Lune. Il faut remarquer que le battant des Cloches Chinoises est en dehors, & qu'il est fait de bois en forme de marteau. Les deux autres pavillons renferment les ornemens du Temple, & servent souvent de retraite aux Voyageurs que les Bonses sont obligez de recevoir & de loger.

Au milieu de cette cour on voit une grande Tour isolée qui se termine aussi en dôme : on y monte par un escalier construit de belles pierres, lequel regne tout autour : au milieu du Dôme il y a un Temple, dont la figure est quarrée. On y admire une grande propreté : la voûte est ornée de Mosaïques, & les murailles sont revêtuës de figures de pierre en relief qui representent des animaux & des monstres. Les colomnes qui soûtiennent le toît de cet Edifice sont de bois vernissé ; & aux jours solemnels on les orne de banderolles de diverses couleurs. Le Temple est pavé de petits coquillages qui, par un assemblage curieux, forment des oiseaux, des papillons, des fleurs, &c.

Les Bonses brûlent continuellement des parfums sur l'autel, & entretiennent le feu des Lampes qui sont penduës à la voûte du Temple. A l'une des extrémitez de l'autel, on voit une Urne de bronze, sur laquelle ils frappent, & qui rend un son lugubre. A l'autre extrémité il y a une machine de bois, creuse & faite en ovale, qui sert au même usage ; c'est-à-dire, que le son de l'un & de l'autre Instrument accompagne leurs voix lorsqu'ils chantent les louanges de l'Idole tutelaire du Pagode.

La

La Déesse *Coanginpuſſao* est placée au milieu de cet autel; elle a pour base une fleur de bronze doré, & elle tient un jeune enfant entre ses bras. Plusieurs Idoles (qui sont sans doute Dieux subalternes) sont rangées autour d'elle, & marquent, par leurs attitudes, leur respect & leur veneration.

Les Bonses ont aussi tracé sur les murs de ce Temple plusieurs caracteres hieroglyphiques à la louange de *Coanginpuſſao*. On y voit un tableau historique ou allegorique, peint à fresque, qui represente un étang de feu où semblent nâger plusieurs hommes, les uns portez sur des monstres, qui n'ont jamais existé que dans l'imagination du Peintre; les autres environnez de toutes parts de dragons & de serpens aïlez. On apperçoit au milieu du gouffre un rocher escarpé, au haut duquel la Déesse est assise, tenant un enfant entre ses bras, qui semble appeller tous ceux qui sont dans les flammes de l'Etang: mais un vieillard, dont les oreilles sont pendantes, & qui a des cornes à la tête, les empêche de s'élever jusqu'à la cime du rocher, & paroît vouloir les écarter à coups de massue. Ce redoutable

ble vieillard sera sans doute quelqu'un de ces Dieux, ou Génies malfaisans dont je vous ai déja parlé. Au reste, les Bonses ne surent répondre aux questions que je leur fis à l'occasion de ce Tableau.

Il y a derriere l'autel une espece de Bibliothéque, dont les Livres traitent du culte des Idoles, & des sacrifices qu'on a coûtume de faire dans ce Pagode.

Lorsqu'on est descendu de ce Dôme, on traverse la cour, & on entre dans une espece de galerie, dont les murs sont lambrissez. J'y comptai vingt-quatre Statuës de bronze doré, qui representoient vingt-quatre Philosophes, anciens Disciples de Confucius. Au bout de cette galerie on trouve une grande Salle, qui est le Refectoire des Bonses : on traverse ensuite un assez grand Appartement, & on entre enfin dans le Temple de *Foë*, où l'on monte par un grand escalier de pierres. Il est orné de vases de fleurs artificielles; (ouvrage dans lequel les Chinois excellent) & on y trouve les mêmes Instrumens de Musique, & les autres ornemens que j'ai dit être dans l'autre Temple. On ne voit la Statue de *Foë* qu'à travers
une

une gaze noire très-fine, qui forme une espece de voile ou rideau devant l'autel. Le reste de ce Pagode consiste en de grandes chambres fort propres, mais mal percées. Les Jardins & les bosquets sont pratiquez sur le côteau de la Montagne, & on a taillé dans le Roc des grottes charmantes où l'on se peut mettre à l'abri des chaleurs excessives de ce climat.

Nous avons souvent visité les Bonses de ce Pagode, & ils nous ont toûjours reçûs avec plaisir. On peut entrer dans leurs Temples en toute liberté. Néanmoins il ne faut pas chercher à satisfaire entierement sa curiosité, ni entrer dans les Appartemens où ils ne vous introduisent pas eux-mêmes, sur tout lorsqu'on est mal accompagné; car les Bonses, à qui le commerce des femmes est interdit sous des peines rigoureuses, & qui en gardent souvent dans des lieux secrets, pourroient, dans la crainte d'être accusez, se vanger d'une curiosité trop indiscrette.

Il y a plusieurs autres Pagodes de cette espece aux environs, & dans l'enceinte d'Emoüy. Il y en a un qu'on appelle Pagode de dix mille pierres, parce qu'il est bâti sur le côteau d'une montagne où l'on a compté un pareil nombre de petits rochers, sous lesquels les Bonses ont pratiqué des grottes & des réduits enchantez. On y voit regner une certaine simplicité champêtre qui plaît & qui charme.

Quoique les Bonses soient les amis & les confidens des Dieux, qui par leur organe publient leurs oracles ; ils sont cependant fort méprisez à la Chine, & les Peuples, qui dans leur idolatrie n'ont aucun systême bien suivi, respectent peu la Divinité & le Ministre. Ils sont tirez de la lie du peuple, & lorsqu'ils ont amassé quelque somme d'argent, ils achettent des esclaves, dont ils font des disciples, qui sont ensuite leurs Successeurs; étant bien rare qu'un Chinois embrasse cet état de son plein gré.

Ils ont des Superieurs, & des Dignitez parmi eux, & pour être initié aux mysteres extravagans de leur Secte, il faut passer par un noviciat très-rude Celui qui prétend à l'état Bonsique, est obligé de laisser croître sa barbe, & les cheveux pendant un an : de porter une robbe déchirée, & d'aller de porte en porte chanter les louanges des Idoles, ausquelles il se consacre. Il s'acquitte
de

de ce devoir sans lever les yeux, & la populace, pour éprouver sa vocation, ou pour l'en détourner, l'accable d'injures: il souffre tout avec une patience qui mériteroit un objet plus noble. Il ne mange, pendant une année, aucune chose qui ait eu vie : il est pâle, maigre, défiguré. Si le sommeil, auquel il resiste constamment, l'accable quelquefois, un Compagnon impitoyable le réveille. En un mot, rien n'est comparable aux tourmens qu'on lui fait endurer. Au reste, je ne vous assurerai pas que ce noviciat soit partout & toûjours le même. Je tiens cette circonstance du P. Laureaty, lequel me la raconta, à l'occasion d'un de ces malheureux qui chantoit devant notre porte.

Lorsque le jour arrive, où il doit prendre l'Habit de sa Secte, (cérémonie que j'ai vûe deux fois dans mon Pagode de Colomsou) les Bonses des Pagodes voisins s'assemblent, & se prosternant tous devant l'Idole, ils disent à haute voix, comme s'ils psalmodioient, des prieres, dont ils m'ont avoué plusieurs fois qu'ils n'entendoient pas le sens : ils ont une espece de Chapelet autour du col, dont les grains sont très-gros, & qui ressemble aux nôtres, à la reserve de la croix, dont ils n'ont pas le bonheur de connoître le myſtere. Ils entonnent enſuite je ne ſai quels Hymnes, & accompagnent leur chant du ſon de pluſieurs petites clochettes.

Cependant le Novice, proſterné la face contre terre à l'entrée du Temple, attend la fin de ces cérémonies, pour recevoir l'honneur qu'on veut lui faire. Les Bonſes le conduiſent au pied de l'Autel, & lui mettent une longue robbe griſe, que j'oſe dire être ſemblable, quant à la forme, aux Robbes ou Manteaux de nos Religieux Benedictins, le Capuchon & la couleur à part. On lui met auſſi ſur la tête un bonnet de carton, ſans bords, doublé de toile griſe ou noire, & la fonction finit par l'acolade. Le Novice regale enſuite tous les Bonſes, & l'yvreſſe, qui ſuccede à ce repas, fait la perfection de la cérémonie.

Ils ſont obligez de garder la continence, mais malgré les punitions attachées au commerce des femmes, ils cherchent ſans ceſſe les occaſions de ſatisfaire leurs paſſions, & au deffaut des femmes, ces ſcelerats recourent à d'autres objets pour aſſouvir leur brutalité. Leur extérieur

grave & composé cache une ame noire, abandonnée à toutes sortes de vices. Ils sont moins persuadez de l'existence de leurs ridicules Divinitez, que les Chinois mêmes, qui ne se piquent pas d'une foi bien vive, ni d'une dévotion bien grande. Ils n'affectent une vie retirée & solitaire que pour mieux surprendre la crédulité du vulgaire, laquelle est en effet leur unique ressource.

Lorsqu'ils se sont enrichis dans cette indigne profession, ils peuvent la quitter & en embrasser une autre; mais le changement d'état ne peut effacer la mauvaise réputation qu'ils se sont acquis. Etrange aveuglement de ces peuples, d'adorer des Dieux dont ils méprisent les Ministres, & de marquer d'infamie ceux qui s'attachent plus étroitement à leur culte!

Quoique l'Art de deviner soit fort commun à la Chine, comme je l'ai déja remarqué, les Bonses néanmoins se l'attribuent par excellence, & croient être les véritables & seuls organes des volontez du Destin. La plus grande superstition des Chinois consiste à consulter les Dieux & les hommes sur le succes heureux ou malheureux de leurs affaires.

S'ils sont malades, ils veulent connoître la durée de leur maladie, & pour cet effet ils consultent la Divinité bienfaisante, dont l'attribut est d'en procurer la guérison. Ils viennent dans un Pagode, & après avoir présenté à l'Idole plusieurs mets differens, dont les Bonses profitent, ils se prosternent la face contre terre, tandis que le Bonse principal fait brûler du papier doré dans une Urne de bronze, & prépare plusieurs petits bâtons, sur lesquels est écrite la bonne ou mauvaise fortune. Après les avoir brouillez, ils en tirent un du fond d'un sac ou d'une boëte ; si la décision de l'Oracle ne leur plaît pas, ils recommencent, & sont obligez de s'en tenir à cette seconde décision, favorable ou contraire. C'est ainsi que parmi eux le hazard décide de l'avenir.

Un Bonse convaincu d'avoir eu commerce avec une femme, est puni très-severement : ses Confreres sont ses bourreaux, & vangent en apparence l'injure faite à leur Religion, en punissant un crime qu'ils commettent eux-mêmes, ou qu'ils brûlent de commettre. On met au col du coupable un ais fort pesant, & on le traîne par la Ville pendant

dant une Lune entiere, en le frappant continuellement. Au reste ces châtimens sont rares, & les Bonses ont autant de prudence dans leurs amours que d'avidité à satisfaire leurs passions.

Il y avoit autrefois près de *Focheü* (Ville où reside le P. Laureaty) un Pagode fameux, où demeuroient les Bonses les plus huppez de la Province. La fille d'un Docteur Chinois, allant à la maison de Campagne de son pere, suivie de deux Servantes, & portée, suivant l'usage du Païs, dans une chaise couverte, eut la curiosité d'entrer dans ce Temple, & envoya prier les Bonses de se retirer tandis qu'elle y feroit sa priere. Le Bonse principal, curieux de voir cette jeune personne, se cacha derriere l'Autel; il ne la vit que trop, & il en devint sur le champ amoureux. Son imagination échauffée écarta l'idée du peril, & ne lui montra que la facilité qu'il y avoit à enlever une fille foible & mal accompagnée. L'execution suivit de près le projet; il ordonna aux autres Bonses ses confidens d'arrêter les deux Suivantes, & il ravit cette fille malgré ses cris & ses larmes.

Le Docteur n'ignora pas long-tems

l'abfence de fa fille : il fût qu'elle étoit entrée dans le Pagode, & qu'elle y avoit difparu. Les Bonfes répondirent à toutes les demandes qu'il fit, qu'il étoit vrai qu'elle avoit vifité le Pagode, mais qu'elle en étoit fortie après avoir fait fa prière. Le Docteur élevé dans le mépris pour les Bonfes, comme le font tous les Lettrez, qui fe mettent au-deffus de la fotte crédulité du Vulgaire, s'adreffa au General des Tartares de cette Province, & lui demanda juftice contre les ravisfeurs de fa fille. Les Bonfes s'imaginant trouver dans ces deux hommes une confiance aveugle, leur dirent que *Foë* étant devenu amoureux de la jeune fille, l'avoit enlevée. Le Bonfe, auteur du rapt, voulut enfuite, par une harangue fort pathétique, faire comprendre au Docteur, combien *Foë* avoit fait d'honneur à toute fa famille, en jugeant fa fille digne de fon amour & de fes embraffemens: mais le General Tartare, fans s'amufer à ces fables, s'étant mis à examiner curieufement tous les réduits les plus cachez du Pagode, entendit quelques cris confus fortir du fond d'un rocher : il s'avança vers ce lieu, & apperçût une porte de fer qui fermoit l'entrée d'une grotte :

te: l'ayant fait abbatre, il entra dans un lieu sous-terrain, où il trouva la fille du Docteur & plus de trente autres femmes qui y étoient renfermées. Elles sortirent de leur prison & du Pagode, & incontinent après le General fit mettre le feu aux quatre coins de cet Edifice, brûlant le Temple, les Autels, les Dieux, & leurs infâmes Ministres.

Le culte que les Bonses rendent aux Idoles ne s'étend pas loin. Uniquement occupez à entretenir les Lampes des Pagodes, & à recevoir ceux qui viennent faire leurs prieres, ils menent une vie molle & oisive: ils n'ont aucun revenu fixe, & ils vont de portes en portes, une Clochette à la main, mandier les secours necessaires à la vie. Lorsqu'un Chinois fait quelque fête à l'honneur de l'Idole qu'il garde dans sa maison, il appelle les Bonses, qui revêtus de longues Chappes brodées, portent l'Idole par les rues : ils marchent deux à deux, tenant en main plusieurs banderolles garnies de Sonnettes, & le peuple les suit plus par curiosité que par dévotion. Au jour de la nouvelle & pleine Lune, ils se levent pendant la nuit, & disent des prieres. Il m'a semblé qu'ils repetoient toûjours la mê-

même chose, avec autant de modestie & de dévotion que s'ils avoient quelque idée des Dieux qu'ils invoquent. Ils affectent une grande humilité dans les premiers complimens qu'ils se font dans leurs visites; ils se prosternent les uns devant les autres; ils se regalent ensuite, & s'enyvrent le plus souvent, ensorte que la visite qui commence par les complimens, finit presque toûjours par les invectives.

Ce sont là, Monsieur, des détails que j'ai sans cesse devant les yeux, depuis que j'habite le Pagode de Colomsou. L'honnête Bonse mon Hôte m'y ceda, il y a cinq mois, un joli Appartement, sous le bon plaisir des Mandarins. Il y a quelques jours que je me trouvai à demi étouffé dans mon lit par la fumée d'un Sacrifice: auquel je ne m'attendois gueres: je sortis brusquement de ma chambre, & le premier objet que j'apperçûs, ce fut une table couverte de Poules bouillies, de Canards, de Poissons, &c. & je vis mon Bonse fort occupé à brûler du papier doré dans son Urne sacrée. Je me doutai d'abord qu'il faisoit quelque fameux Sacrifice, mais je ne pouvois comprendre pourquoi il le faisoit à ma porte. Lui en ayant demandé la raison: votre Dieu,

me

me dit-il en pleurant, tue toutes mes Chevres: hélas! depuis que vous demeurez dans cette Isle, j'ai perdu la moitié de mon troupeau: je tâche de le flechir par ces viandes que je lui offre. Il me montra en même-tems quelques caracteres hieroglyphiques qu'il avoit tracé sur ma porte, par lesquels il prétendoit conjurer le Dieu des François. Je voulus le désabuser, mais je n'y réussis pas. Il y a long-tems que je m'apperçois que l'Apostolat n'est pas ma vocation.

Cependant je m'informai de la cause de cette mortalité, & je ne tardai pas à l'apprendre. Nos Matelots venoient tous les jours dans la petite Isle de Colomsou, où l'on avoit dressé une tente pour mettre à couvert les ustenciles du Vaisseau. Ces gens croyant que voler un Bonse étoit une action méritoire, mettoient dans l'oreille de ses Chevreaux les plus gras une grosse Epingle de fer, ou une aiguille, qui penetroit jusqu'au cerveau. Ces animaux mouroient bien-tôt dans l'Etable, & le Bonse attribuant cette mortalité à une maladie contagieuse, dont le Dieu des François étoit la cause, les jettoit dehors. Nos Matelots les ramassoient soigneusement, & faisoient de bons re-

pas

pas à ses dépens. Je vous demande maintenant, Monsieur, si ces gens qui sont sans doute obligez à restitution, doivent aussi restituer au Bonse les frais de son Sacrifice. Nous déciderons un jour cette question; en attendant, je suis très-parfaitement, &c.

## LETTRE DOUZIEME.

*A Emoüy, le 25. de Janvier 1717.*

EN verité, Monsieur, on s'accoûtume plus aisément aux caprices de la fortune que je ne l'avois crû. Il me semble, que les premiers contre-tems que nous avons essuyé avec les Chinois, nous rendent insensibles aux derniers. Je ne me flatte plus d'arriver en Europe dans le cours de cette année; trop heureux encore si nous pouvons sortir de ce Port le mois prochain.

Après vous avoir entretenu de l'Idolatrie Chinoise, il est assez naturel que je vous parle de l'introduction & du progrès de la Religion Chrétienne dans cet

Empire; sans vouloir néanmoins m'étendre sur les disputes qui regnent depuis tant d'années entre les Missionnaires. Ce sont des matieres sur lesquelles le silence est toûjours le parti le plus prudent, & je vous avoue, comme disoit un ancien, * *Facilius me, talibus præsertim de rebus, quid non sentirem, quàm quid sentirem posse dicere.*

En effet, Monsieur, je crois qu'il n'est jamais permis à un particulier de s'interesser dans les disputes de Religion, surtout lorsque par son état & par sa profession, il n'est attaché à aucun parti. Je craindrois, si je m'érigeois en controversiste, que vous-même vous ne me vinssiez dire d'un ton railleur, *numquid & Saül inter Prophetas?* Dans des matieres aussi épineuses, on ne peut être partial sans s'attirer l'inimitié de ceux qui sont dans le parti opposé. Qui êtes-vous, me diroient-ils? de quoi vous mêlez-vous? Vous a-t-on député à la Chine pour connoître de nos differends? Je suppose que pour ma justification je leur répondisse en ces termes: *Je suis un homme qui ai étudié les matieres qui sont le fondement de vos disputes; je suis, pour ainsi dire, sur*

*\* Cicero de Nat. Deor. Lib. II.*

*le Théatre* où *les Scenes se jouent*; *ne puis-je donc pas porter mon jugement, & décider que celui-ci a raison, que celui-là a tort?* Non sans doute: ceux dont j'aurois la témerité de condamner les sentimens, ne pourroient-ils pas alors se servir legitimement de la question qu'on fit à Moïse: * *Qui t'a établi Prince & Juge sur nous?*

On ne peut condamner les Missionnaires de l'un ou de l'autre parti, sans les accuser en même-tems d'être de mauvaise foi; & qui est l'homme sensé qui veut mettre cette accusation sur son compte? Laissons-les disputer, Monsieur, & ne prenons qu'une part indirecte à toutes leurs disputes.

Je souhaiterois que, comme l'Histoire Sainte n'a pas été l'ouvrage d'un particulier, mais de gens qui avoient reçû de Dieu une commission speciale de l'écrire, de même l'Histoire des Troubles, & des Disputes Ecclesiastiques, ne fut composée que par des personnes desinteressées, & commises à cela par le Souverain de chaque Etat. Par-là on ne condamneroit pas les gens sur les premiers bruits de la renommée, & sur le rapport d'u-

---

* Exod. chap. 2. v. 4.

d'une foule d'Auteurs sans aveu, qui jugent de tout selon leurs passions, ou leurs préjugez; Auteurs presque toûjours anonymes, & qui se désavouent eux-mêmes par le soin qu'ils prennent de dérober leurs noms à la connoissance du Public.

Un homme qui court le monde n'a pas ordinairement la réputation d'être un Docteur de Sorbonne; c'est beaucoup quand on lui accorde par charité un peu de sens commun. Vous concevez bien qu'avec de tels préjugez on reçoit mal un Voyageur qui s'érige en Controversiste. Concluons, que les cérémonies Chinoises soient incompatibles avec la Religion Chrétienne, qu'elles ne le soient pas, ce n'est point à moi à en juger, ni à prendre parti. J'adopte encore la pensée d'un ancien Historien * en semblable occasion: *Ad Deos id magis, quam ad se pertinere, ipsos visuros ne sacra sua polluantur.*

Ce n'est pas au reste, Monsieur, que je ne sache bien, qu'en vous écrivant, je dois vous faire part de tout ce qui se passe sous mes yeux. Mon dessein n'est pas de vous frustrer entierement de votre attente. Je vous dirai quelque chose de l'etat present de la Religion, mais

dispen-

* Tit. Liv. Livre dix.

dispensez-moi des reflexions ; elles ne conviennent point à un Voyageur, qui ne doit, pour ainsi dire, qu'effleurer la matiere.

Rien n'est plus difficile que de fixer le tems où la Religion Chrétienne a commencé à être prêchée dans l'Empire de la Chine, tant les Auteurs varient sur cette matiere. Il n'y a point de doute que le Nom de Jesus-Christ n'y ait été connu depuis long-tems ; toute la difficulté consiste à en déterminer l'Epoque. Il y en a qui disent * que saint Thomas y porta le premier la lumiere de l'Evangile ; d'autres Auteurs prétendent avec plus de fondement qu'il n'y a été prêché que par les Orientaux, qui furent convertis dans les premiers siecles de l'Eglise par la Prédication de ce S. Apôtre. Ceux qui croyent qu'il prêcha l'Evangile dans les Indes se fondent sur le Martyrologe Romain, qui déclare positivement qu'il y souffrit le martyre. Mais ce n'est pas là la seule Tradition, sur laquelle ils appuyent leur sentiment.

Il y avoit autrefois une Ville nommée *Calamina*, (qui a été détruite par les guerres que les François ont eu avec les Portugais)

_____
* KIRCHER, *Chin. Illust.*

tugais) où l'on montroit une pierre marquée de plusieurs croix, sur laquelle les Chrétiens de la Côte de Malabar, rapportent que S. Thomas fut martyrisé par les Infideles. Cette Ville avoit été bâtie sur les ruines d'une autre Ville appellée *Batuma* \*, qu'on prétend aussi avoir été érigée en l'honneur de S. Thomas, quelque-tems après sa mort, par les Indiens, qu'il avoit converti à la foi. *Calamina* ayant été détruite, les Portugais obtinrent la permission du Mogol d'y bâtir la Ville de S. Thomé, qui subsiste aujourd'hui.

Il faut donc supposer tout au plus que les Disciples de S. Thomas, & les Indiens nouveaux convertis donnerent aux Chinois, dans la suite des tems, quelque connoissance des Mysteres de la Religion Chrétienne, en trafiquant avec eux, soit par le moyen des Caravannes, soit par la Navigation, de la même maniere que les Chinois reçûrent des Indiens Idolâtres les Dogmes impies & superstitieux de la Secte de *Foë*, dont je vous ai parlé dans mes Lettres précédentes.

Quant à l'opinion du P. Kirker touchant le voyage de Saint Thomas à la Chi-

---

\* Ville de Thomas.

Chine, elle est d'autant plus incertaine, que l'on ne voit aucunes traces du Christianisme dans l'Histoire de cet Empire avant le sixieme siecle. D'ailleurs, si l'on considere l'étendue des Indes Orientales, & le tems qu'il fallut que S. Thomas employât avant que d'avoir solidement établi sa doctrine parmi tant de peuples differens, on trouvera que ce n'est pas trop que la vie d'un homme pour une si grande entreprise, & d'un homme déja avancé en âge, quand il commença la premiere fois à sortir de la Syrie pour passer aux Indes. On peut ajoûter à cette reflexion la circonstance de son martyre; car il n'y a gueres d'apparence qu'il l'ait souffert à son retour de la Chine.

L'an 1625. on trouva dans la Ville de *Siganfu*, Capitale de la Province de *Xiensi*, une inscription en Caracteres Chinois, & Egyptiens ou Coptiques, qui semble prouver que le Christianisme n'y étoit pas inconnu dans le septieme siecle, & quoique le P. Kircher * & quelques autres ne soient pas d'accord sur la signification de certains termes dans la version qu'ils ont donnée de cette Inscription, ils s'accordent néanmoins sur le point principal,

---

* Prodrom. de la Lang. Coptique.

cipal, qui eſt la Prédication de la Loi de J. C. dans cet Empire, par un Prêtre originaire du Turqueſtan, Chorévêque de la Ville de *Nankin*, connue autrefois ſous le nom de *Kumdam*. Ce Prêtre, que pluſieurs Auteurs croient avec beaucoup d'apparence avoir été Neſtorien, fit cette Inſcription en memoire du Chriſtianiſme qu'il y avoit prêché l'an des Grecs 1082. qui répond à l'an de grace 772.

Cette Inſcription qui eſt diviſée en pluſieurs colomnes, parle de l'exiſtence de Dieu, de la création du Monde, de la chûte d'Adam, &c. Dans la quatriéme colomne on lit ces paroles touchant l'Incarnation. *Donec perſonarum trium una communicavit ſeipſam clariſſimo, venerabilique (Mixio) operiendo, abſcondendoque veram majeſtatem, ſimul homo prodiit in ſæculum.* On conclut de ce paſſage que ce Prédicateur de l'Evangile, Auteur de l'Inſcription, étoit Neſtorien: les Neſtoriens ne reconnoiſſant dans le Myſtere de l'Incarnation l'union du Verbe & de l'homme que dans l'inhabitation par une plénitude de grace fort ſuperieure à celle de tous les Saints.

Il eſt parlé dans la même Colomne de l'Anl'Annonciation dans ces termes. *Spiritus Cœlestis significavit lætitiam, Virgo Mater genuit Sanctum in* (Tacin). Il y est fait aussi mention de l'adoration des Rois, & de l'apparition de l'Etoille qui les guida. *Clarissima Constellatio annuntiavit felicitatem. Reges Orientales viderunt ejus claritatem, & venerunt offerre munera*, &c. Le Baptême, la Résurrection, la descente aux enfers, & les Cérémonies des Chrétiens Orientaux y sont aussi expliquées, mais d'une maniere assez confuse, principalement ce qui est écrit en Chinois; cette Langue n'ayant point de termes ou caracteres propres à expliquer certains mysteres qui n'étoient point alors, & qui ne sont point encore aujourd'hui generalement connus à la Chine.

Cette Inscription qui a causé, & qui cause encore de grandes disputes par les conséquences que chacun en tire en faveur de son opinion, nous apprend seulement que des Prêtres venus du Turquestan, ou de Syrie, sous la conduite d'un Superieur nommé *Olopuen*, commencerent à prêcher l'Evangile l'an 636. que pendant leur Mission les Bonses les avoient persecutez, & avoient tâché d'emd'empêcher le progrès de la Religion: que l'Inscription fut faite l'an 772. de Nôtre-Seigneur, & des Grecs 1082. Maintenant il s'agit de savoir combien de tems la Religion subsista à la Chine. Les uns ne la font durer que jusqu'au dixieme siecle, les autres jusqu'à l'an 1200. ou environ : ce que l'on peut assurer comme certain, c'est qu'il n'y avoit plus aucuns vestiges du Christianisme dans le quinzieme siecle.

Au reste je ne veux point m'engager dans un examen critique des opinions de chaque Historien, sur le tems & sur la durée de la Prédication de l'Evangile dans cet Empire. Vous n'avez qu'à lire les Ouvrages du P. Kircher, l'Abregé Historique & Chronologique du P. Couplet, & les Dissertations de M. Muller Auteur Protestant, sur les anciens Monumens Chinois. Je me borne à l'état present du Christianisme.

Quoique le culte des Idoles, & les opinions extravagantes des Bonses soient condamnées au moins interieurement, par ceux qui s'attribuent à la Chine le nom de Savans, ils n'ont pas néanmoins beaucoup de disposition à embrasser la foi de Jesus-Christ. Attachez avec scrupule

Dogmes de Confucius, & à leurs vaines & superstitieuses Cérémonies, ils ne peuvent se resoudre à suivre une doctrine qui semble détruire ce qu'il y a de plus sacré parmi eux. Cependant il y a un nombre de Chrétiens assez considerable, & il le seroit bien davantage, malgré les obstacles que je viens d'alleguer, si les Missionnaires, qui sont sans doute tous animez du même zèle, étoient aussi tous animez du même esprit & des mêmes sentimens : mais Dieu ne l'a pas permis. Tant de Libelles, tant de Memoires passionnez n'ont servi jusqu'à present qu'à aigrir les esprits, sans éclaircir les points principaux de la question. Les Chinois restent dans leur incertitude, tandis que ceux qui pouvoient les en tirer, s'amusent à se quereller. L'Europe a été inondée d'Ecrits, j'ose dire même de Satyres, & l'esprit de charité, qui est le principe du Christianisme, étant alteré par ces disputes, la Religion n'a pû faire le progrès qu'elle auroit fait sans ces tristes obstacles.

Vous n'ignorez pas, Monsieur, que depuis long-tems les Princes Chrétiens ont envoyé des Missionnaires dans cet Empire. Les commencemens de cette
Mis-

Miſſion furent heureux, & on vit naître avec joye un grand nombre de Chrétiens dans le centre même de l'Idolatrie. Cet heureux progrès dura quelque-tems. De nouveaux Miſſionnaires déſaprouverent la conduite des anciens, & les Cérémonies que les Neophytes pratiquoient; Cérémonies qu'un uſage immémorial rendoit cheres & ſacrées à tous les Chinois Idolâtres, ou Chrétiens : ils déciderent qu'elles étoient ſuperſtitieuſes & incompatibles avec la Religion Chrétienne. L'affaire étoit ſerieuſe, & il n'étoit pas aiſé de la décider ſur les lieux, où chacun étoit Juge & Partie.

D'un autre côté les RR. PP. Jeſuites regardant pluſieurs de ces Cérémonies comme étant purement civiles, & conſiderant qu'on ne pouvoit les interdire aux Neophytes, ſans courir riſque d'ébranler leur vocation, ſoûtinrent avec chaleur la pratique qu'ils avoient établie. Comme ils poſſedoient mieux la langue du Païs que les autres Miſſionnaires, ils étoient auſſi cenſez mieux inſtruits du ſyſtême des Chrétiens Chinois ſur ces Cérémonies. Le préjugé leur étoit favorable.

Les Missionnaires se diviserent, & la dispute s'échauffa. L'Empereur s'y interessa, & parut favorable aux PP. Jesuites. La Cour de Rome pensa differemment ; elle envoya un Legat chargé de ses décisions, mais l'Empereur, inflexible sur les points dont il s'agissoit, empêcha qu'elles ne fussent reçûes dans son Empire, & prétendit que le Pape avoit été trompé dans l'exposé qu'on lui avoit fait. Il se plaignit amerement de ceux qui avoient conseillé au S. Pere d'envoyer de pareils Decrets. Le Légat * & M. l'Evêque de Conon † sentirent les effets de sa colere, & jamais la Mission n'avoit couru plus de risque que dans ces tristes circonstances.

Les menaces de l'Empereur suspendirent un peu les disputes. Mais si on garda un silence timide à la Chine, on ne le garda gueres à Rome, où la guerre s'alluma, & donna enfin occasion à la nouvelle Constitution *Ex illa die*, qui arriva à la Chine le mois d'Août dernier 1716.

Voi-

---

\* Le Cardinal de Tournon.
† Monsieur Maigrot.

Voilà, Monsieur, un abregé de ce qui s'est passé avant mon arrivée dans ce Païs. Voyons maintenant ce qui s'y passe. Le R. P. Laureati, qui se trouve à *Focheü*, m'écrivit le mois dernier que la nouvelle Constitution cause un vacarme effroyable: que l'Empereur est extrêmement irrité contre ceux qu'on prétend l'avoir sollicitée auprès du Pape, & que tout est confusion à Pekin. Sa Lettre me paroît si touchante, & exprime si bien le danger où se trouve la Mission, que je crois que vous ne serez pas fâché que je l'insere ici. Elle servira à vous faire connoître l'état des choses.

---

LETTRE du Reverend Pere LAUREATY, datée de Focheu le 27. Novembre 1716.

CUM tecum istic loquerer, tres gratias melliflue modulantes ausculto; videbarque mihi Apollinem audire, cùm tres Litteras tuas accipio. Utinam liceret adhuc ad Parnassum istum accedere, ut quæ post discessum supervenerunt angustiæ, eruditis

*ditis fidibus tuis demulcerentur. Sed si hoc negatur, præter gratias mitte musas. Fuerunt istæ aliquando fabulæ; sed sint modo sinceri cordis animatæ expressiones. Quanti te faciam, quantum te diligam, quam altas in corde meo radices fixeris, non facilè credes, sed mihi exprimere longè difficilius.*

*In Litteris tuis inde te amicum agnosco quod me consulas obedire: hæc sunt sana, hæc sunt vera amici consilia. Vir obediens loquetur victorias. Missio perit, ostium Sinarum occluditur; evaginatus gladius imminet, sed vel si fractus illabatur orbis, Petræ inhærentem impavidum me ferient ruinæ:* pend sur nos têtes,

Vos Lettres me font connoître toute la force de votre amitié, & en me conseillant d'obeïr *au Pape*, vous me donnez le conseil d'un ami bien sensé. C'est par l'obeïssance que l'homme triomphe. La Mission est sur le point de perir, on ferme la porte de la Bergerie aux Chinois, le glaive mais quand l'Univers entier devoit m'écraser sur sa chûte, j'en verrai sans crainte la décadence, tandis que je resterai attaché à la *Pierre fondamentale qui est l'Eglise*.

*Quò ut tibi exploratum magis fit meum erga sanctam Sedem obsequium, Epistolam cum juramento apertam mitto, quam lectam & clausam, cum aliis inclusis, remittas peto ad Reverendum Patrem Magino Ventallol* *. Sed si me diligis, & animæ meæ cura tibi est, laudabis procul dubio appositam juramento depositionem administrationis, quam cum eo minimè componi, coram Deo testari paratus sum.*

Mais afin que vous connoissiez mieux quelle est mon obéissance envers le Saint Siege, je vous envoye ci-joint une Lettre ouverte, qui contient le serment que je fais d'obéir au Pape; & après l'avoir lûe & cachetée, je vous prie de l'envoyer avec les autres Lettres ci incluses, au R. P. Magino Ventallol. Mais si vous m'aimez, & si l'intérêt de mon ame vous est cher, vous me louerez sans doute d'avoir joint à mon serment un acte de démission de mes fonctions, étant prêt de témoigner devant Dieu qu'elles sont incompatibles avec le serment qu'on exige de moi.

---

† Visiteur Apostolique de Fokien, resident à Changcheu.

*Abeundo è Sinis proh à quam multis laqueis me extricassem! Sed puduit hos Neophytos relinquere sævissimâ procellâ instante; puduit præstitam Imperatori non discedendi fidem frangere; puduit ingredi conantibus novum obicem meo recessu opponere.*

Hélas, en quittant cet Empire, combien de chagrins & d'embarras ne me serois-je point épargné! Mais je n'ai pû me résoudre à abandonner de nouveaux Chrétiens dans un tems de tempête & d'orage, ni à manquer à la parole que j'avois donné à l'Empereur de ne point sortir de ses Etats. J'ai eu peur enfin que ma retraite ne fût dans la suite un obstacle à ceux qui voudroient entrer dans cet Empire *pour y prêcher la foi.*

*Superest modo Draconis ungues parato animo expectare, quibus clades & sanguis devoveantur. Et jam Pekini omnia confusa sunt.*

Il ne mê reste plus maintenant qu'à attendre avec constance les ongles du Dragon, † qui semble déja ne respirer que le sang

---

† Allusion aux Armes de l'Empereur.

| | |
|---|---|
| *sunt. R. P. Casto-rano Ord. Min. jussus ab Episcopo Constitutionem promulgare, traditus est judicandus supremo criminum tribunali.* | sang & le carnage. Tout est en confusion à Pekin. Le R. P. Castorano * Franciscain, ayant reçû ordre de l'Evêque (de Pekin) de publier |

la nouvelle Constitution, † a été conduit au Tribunal du crime pour y être jugé.

| | |
|---|---|
| *Petis documenta quibus causa nostra fulciatur? Si peteres rationes quibus illa impugnatur, rem facilem peteres, & tribus lineis tibi satisfacerem: nempè, 1. quia oculis Europæis displicent nimiæ sibique insuetæ Sinarum Ceremoniæ: 2. quia istæ ab aliquibus modernis Atheis, repug-* | Vous me demandez sur quels fondemens notre cause est appuyée ? Si vous me demandiez sur quoi se fondent ceux qui nous attaquent, je pourrois vous satisfaire en 3. lignes. On attaque les cérémonies de la Chine, 1. parce qu'elles paroissent extraordinaires & ex- |

I 5

———————
* Vicaire de l'Evêque de Pekin.
† La Constitution *Ex illa die.*

*pugnante Scholâ Sinicâ, in pravum sensum detortæ sunt: 3. quia ab indoctis privatâ autoritate sæpè idololatricis ritibus permiscentur.*

*Sed si rationes nostræ, vel ab extrinseco exponendæ sint, deficiet tempus, deficient vires. Ne te pigeat excutere observationes R. P. Diez, qui ferè præcipua causæ nostræ capita solidissimè æquè ac verissimè complexus est. Præterea recole consensum Imperatoris, Doctorum, atque universi Imperii approbantium sententiam nostram, & sibi-*

cessives aux yeux des Européans: 2. Parce que quelques Athées depuis peu leur ont donné un mauvais sens, malgré l'opposition de l'Ecole Chinoise: 3. Parce que des ignorans y ont glissé de leur propre autorité des superstitions payennes.

Mais s'il falloit vous rapporter ici toutes nos raisons en détail, le tems & les forces me manqueroient. Parcourez exactement les Observations du R. P. Diez, qui a traité les principaux points de notre cause avec autant de sincerité que de solidité. Ajoûtez à cela le consentement de l'Empereur, des Docteurs & de tout l'Empire, qui approu-

# AU TOUR DU MONDE.

*sibilis explodentium veluti fatuam adversantem M....... Sed quid agendum? Si victa causa Catoni, victrix etiam Diis placuit.*

prouvent nos opinions, & qui sifflent & traitent de ridicule la doctrine de M. M. qui nous est opposée. Mais que ferons-nous? Caton suivit le parti du vaincu, quand les Dieux suivirent celui du vainqueur.

*Ridebis fortasse latinitatem meam, sed ego de eâ post viginti annos, inter hos montes exactos, mihi gratulor, & quod non penitus exciderit, Deo gratias ago. Vale mei memor, &c.* Focheu 27. Novembre 1716.
J. LAUREATY.

Vous rirez peut-être de ma latinité, mais il m'est bien doux de me souvenir encore de ce peu que je vous écris, après avoir passé 20. ans dans ces montagnes. J'en rends graces au Seigneur. Adieu, &c. *Focheu* 27. *Novembre* 1716.
J. LAUREATY.

Il est évident, Monsieur, que la Mission de la Chine est dans un extrême danger. L'Empereur ne permettra jamais (à moins que Dieu, qui tient le cœur des Rois entre ses mains, ne lui inspire d'autres sentimens) l'Empereur, dis-je, ne pourra souffrir qu'on interdise aux Chrétiens Chinois le culte qu'ils rendent à Confucius, aux morts, &c. & il me paroît par tout ce qui s'est passé, & par tout ce que nous voyons arriver aujourd'hui, qu'il ne verra jamais de bon œil ceux qui apporteront à la Chine des décisions de Rome, contraires à ses sentimens. Les RR. PP. Jesuites ont prévû depuis long-tems les difficultez qu'il y auroit à l'entreprendre, & c'est apparemment dans la crainte que la nouvelle Constitution n'achevât d'irriter l'esprit de l'Empereur, qu'ils ont fait tout leur possible pour empêcher qu'on ne la publiât dans les conjonctures présentes. Ils ont publié à Pekin une Relation de tout ce qui s'est passé dans cette occasion, afin de justifier leur conduite. Elle m'est tombée entre les mains, écrite en Langue Portugaise. Je l'ai traduite fidelement en notre Langue, & je la joins ici.

*Relation publiée à Pekin par les RR. PP. Jesuites, à l'occasion de la Bulle* Ex illa die.

L'AN 1716. l'Empereur avoit envoyé à Canton & à Macaô un Mandarin nommé *Litagin*, pour conduire à Pekin les Europeans, qui auroient quelques talens propres pour le service de Sa Majesté, & pour l'informer des nouvelles qui seroient venues de la Cour de Rome, au sujet des Coûtumes Chinoises.

*Litagin* arriva à Canton, où Messieurs Joseph Ceru & Dominique Peroni de la Congregation *de Propaganda fide* avoient déja publié la nouvelle Constitution Apostolique qu'ils avoient reçû de Rome par un Vaisseau Anglois arrivé à Canton le mois d'Août 1716. précedent. Quand même tous les Europeans, qui étoient à Canton & à Macaô, auroient caché à *Litagin* la nouvelle condamnation des Rits Chinois, il étoit comme impossible qu'il n'en eût connoissance par le moyen des Chinois, à qui elle avoit été communiquée. Il est même

I 7　　　　　　　　cer-

certain que dès le trentiéme Octobre de cette même année (1716.) l'Empereur, qui étoit en Tartarie, reçût des Lettres de *Litagin*, qui lui donnoient avis de la publication de la Bulle qui condamnoit les Rits Chinois.

Le premier de Novembre l'Empereur ordonna à un de ses Eunuques d'aller trouver un Prêtre Italien de la Congregation *de Propaganda fide*, nommé *Pedrini*, (lequel demeure à la Cour avec le titre de Musicien, & qui étoit alors en Tartarie avec l'Empereur) & de lui reprocher en presence de deux Jesuites, (les PP. Morand, Portugais, & Parennin, François) qu'après avoir été traité par Sa Majesté avec une bonté paternelle, il l'avoit cependant trompé, aussi bien que le Souverain Pontife, en écrivant à Rome d'une maniere opposée à ce qu'il avoit entendu à la Chine, & en débitant ici des choses contraires à ce qui se passoit à Rome, & qu'enfin (lui Pedrini) & tous les Europeans étoient dignes de l'enfer qu'ils croient dans leur Religion.

L'Empereur écrivit ensuite une Lettre de sa propre main en Langue Tartare, adressée à Pekin au Mandarin *Chabcham.*

*cham*. Elle fut portée par les PP. Morand & Parennin, Jésuites, & le Prêtre Ripa de la Congregation *de Propaganda fide*, pour être imprimée en trois Langues, & envoyée en Europe, après qu'elle auroit été signée par tous les Europeans, résidens à Pekin. Il ordonna aussi aux Mandarins de cette Ville de remettre cette Lettre au Viceroi de Canton, afin qu'il y opposât son Sceau, & qu'il en fît distribuer plusieurs milliers d'exemplaires à tous les Vaisseaux qui se trouveroient dans les Ports de son Empire, afin que toute l'Europe connût ses intentions.

Pendant qu'on traduisoit cette Lettre à Pekin, le P. Castorano, Religieux Italien, Vicaire General de l'Evêque de Pekin, arriva le premier de Novembre dans cette Cour, avec des ordres de son Evêque de publier juridiquement la nouvelle Constitution. Il alla d'abord au College des PP. Jésuites Portugais, & malgré la nouvelle qu'ils lui donnerent de la colere de l'Empereur, il publia la Constitution. Il voulut ensuite l'aller publier dans le College des PP. Jésuites François, où on essaya de le détourner de son dessein, en lui repréfentant que les Mandarins étoient actuellement affemblez dans cette maifon par ordre de l'Empereur, pour traduire l'Ecrit que Sa Majefté avoit fait, & qu'ils pourroient avoir connoiffance de la publication de la Bulle, & en donner incontinent avis à l'Empereur.

Le P. Caftorano fourd à toutes ces raifons partit & alla publier chez les PP. Jefuites François la Bulle de Sa Sainteté, avec fi peu de prudence, que les Domeftiques des Mandarins furent témoins de ce qui fe paffa, & quoiqu'ils n'entendiffent point ce que portoit la condamnation, (parce que la Bulle étoit écrite en Latin) ils ne laifferent pas d'avertir leurs Maîtres de l'acte de la publication, dont ils avoient été témoins, & les Mandarins en donnerent part auffi-tôt à l'Empereur.

Tous les Jefuites qui étoient à Pekin reçûrent la Conftitution, & firent le ferment qu'elle prefcrivoit. Ils furent abfous des cenfures qu'ils pouvoient avoir encouru jufqu'alors, le Pape ayant donné des pouvoirs particuliers à l'Evêque de Pekin, ou à quelqu'un de fa part, comme en effet il envoya le P. Caftorano.

Le

Le P. Kiliamſtump, les Jeſuites Portugais, & ceux qui étoient venus à la Chine par la voye de Portugal vouloient ſe prévaloir de la Requête que le Roi de Portugal avoit depuis peu préſenté à Sa Sainteté, au ſujet de cette Conſtitution, cependant ils ne peuvent en venir à bout, parce que l'Evêque de Pekin étoit dans la réſolution de les déclarer ſoûmis aux peines portées par la Bulle. Le P. Caſtorano déclara qu'il feroit la même choſe, en cas que le P. Kiliamſtump & les autres vouluſſent adminiſtrer les Sacremens aux Chinois, ſans leur interdire les uſages & les Cérémonies nouvellement condamnées; parce que ni l'Evêque de Pekin ni lui, ne jugeoient pas que le Decret de Sa Sainteté fût ſuſpendu par la Requête du Roi de Portugal, & que les Jeſuites ne pouvoient pas non plus recourir à l'Archevêque Primat des Indes, parce que le Pape avoit ſouſtrait l'Evêque de Pekin de ſa Juriſdiction.

Alors le P. Kiliamſtump repréſenta au P. Caſtorano les riſques que couroit la Miſſion de la Chine par une pareille condamnation. Le P. Caſtorano répondit qu'il avoit bien reconnu en quel peril elle étoit, & qu'ayant voulu interdire aux Chré-

Chrétiens Chinois les Coûtumes dont il étoit question, les Mandarins de *Lincin* (lieu de sa residence, & le Siege de l'Evêque de Pekin) s'étoient tous recriez, & avoient déclaré que la Loi de J. C. étoit mauvaise : que plusieurs Chrétiens avoient renoncé à la Foi, & que tout le peuple crioit hautement, *Meure kam haufu*, * l'ennemi des Coûtumes de nos ancêtres. Cependant malgré toutes ces considerations, il publia la Constitution, & défendit aux PP. Jesuites d'administrer les Sacremens, à moins qu'ils n'obéissent aux Décrets du Souverain Pontife.

Deux jours après cette promulgation, c'est-à-dire, le sept de Novembre, l'Empereur envoya de Tartarie à Pekin un Courier extraordinaire avec ordre de se saisir du P. Castorano, & de le mettre dans la Prison du Tribunal du Crime, pour être examiné en tems & lieu. Un Mandarin de Pekin reçût ordre en même tems de se rendre à *Lincin*, & d'interroger l'Evêque de Pekin sur le Décret de Sa Sainteté. Le P. Castorano fut pris aussi-tôt, & chargé de chaînes fort pesantes, & on le conduisit dans

un

* Nom Chinois du P. Castorano.

un Char * au Tribunal du Crime, où il resta prisonnier.

Les PP. Jesuites voyant que s'ils administroient les Sacremens de la maniere que le Pape le prétendoit, ils exciteroient la colere de l'Empereur sans aucune utilité, & acheveroient de ruiner la Mission. D'un autre côté se trouvant pressez par le P. Castorano d'obéir aux Ordres du Pape, ils se déterminerent à rester suspendus, c'est-à-dire, sans administrer les Sacremens, & sans condamner encore les Coûtumes Chinoises.

Outre ce que nous avons rapporté ci-dessus, un Prêtre nommé *Ripa*, qui demeuroit à Pekin depuis six ans, avec le titre de Peintre, & son compagnon Pedrini, (celui-là même qui écrivit faussement au Souverain Pontife que l'Empereur permettroit aisément que Sa Sainteté défendît les Coûtumes controverées) ces deux hommes, dis-je, sachant que l'Empereur revenoit de Tartarie, partirent de Pekin & allerent à sa rencontre pour lui offrir un Memoire qui contenoit

* Maniere ignominieuse de conduire les Criminels.

tenoit les nouvelles arrivées d'Europe, mais l'Empereur ne voulut pas leur donner audience. S. M. fit même dire par un Eunuque au Sieur Pedrini qu'il étoit un *Canteü*, c'est-à-dire, digne de mort, pour l'avoir trompé, (ce qui est un crime capital dans cet Empire) & qu'on l'examineroit incessamment : que S. M. avoit déja donné ordre de prendre le P. Castorano : que lui Pedrini en étoit la cause : que tous les Européans qui n'avoient point reçû la Patente seroient conduits à Pekin & mis dans les Prisons du Tribunal du Crime. L'Eunuque ajoûta que tous ceux qui voudroient interdire les Coûtumes dont il s'agissoit seroient pris & conduits à Pekin.

*Fin de la Relation des PP. Jesuites.*

Tel est aujourd'hui, Monsieur, l'état de la Mission. M. Pedrini, (dont il est parlé dans cette Relation, & qui avoit en effet écrit à Rome que l'Empereur consentiroit à la suppression des Cérémonies, en consequence de quelques disputes qu'il y avoit eu en 1710. entre le P. Bouvet Jesuite, & M. Pedrini sur l'interprétation de quelques paroles que l'Eml'Empereur avoit dites à l'occasion d'un Bref adressé à M. le Cardinal de Tournon, lequel n'arriva à la Chine qu'après la mort de cette Eminence) M. Pedrini, dis-je, a été obligé de se retracter de tout ce qu'il avoit mandé à Rome, & sa retractation doit être envoyée à Rome. L'Empereur a déclaré de son côté par un Ecrit, dont il a fait distribuer plusieurs Exemplaires aux Vaisseaux Européans qui sont à Canton, qu'il ne veut point prononcer affirmativement sur ces matieres, jusqu'à ce que Rome n'envoye d'autres décisions, c'est-à-dire, jusqu'à ce qu'elle supprime les premieres.

Vous voyez par ce leger échantillon combien il est à craindre que cette Mission ne soit la victime de ces disputes. Le Pape veut une chose, l'Empereur en veut une autre. Il n'y a d'autre alternative que de souffrir les Cérémonies ou d'abandonner la Mission : car de croire que l'Empereur se laisse fléchir, c'est se flatter, à mon avis, d'une vaine esperance. Il n'y a gueres d'apparence non plus que le Pape revoque ses Decrets, après avoir décidé, comme Juge naturel dans les affaires de Reli-

Religion, que les Cérémonies dont il s'agit sont incompatibles avec le Christianisme. Plaignons donc, Monsieur, le malheur de ces Peuples de ne pouvoir être Chrétiens qu'à demi, ou de ne le pouvoir point être du tout.

Enfin, Monsieur, nous sommes prêts à faire voile, & les Marchands Chinois nous ont livré notre Cargaison, non pas telle qu'ils nous l'avoient promise, mais telle qu'il leur a plû de nous donner. Vous avez pû voir par mes Lettres précedentes combien leur lenteur à conclure nos traitez nous avoit été préjudiciable ; nous sommes aujourd'hui aussi peu satisfaits de la diligence qu'ils affectent.

Ceux qui commercent à la Chine doivent d'abord établir pour principe que les Chinois les tromperont s'ils peuvent, & qu'ils profiteront toûjours de l'ignorance de ceux qui ne sauront pas traiter avec eux, ni leur maniere de faire le commerce, c'est-à-dire, leurs fraudes & leurs artifices. Les Négocians d'Emouy avoient reconnu en nous beaucoup d'avidité, peu d'union, & une ignorance pleine de présomption. Le Capitaine de notre Vaisseau, (qu'ils appelloient *Capitan chap chap,* parce qu'il couroit

sans

sans cesse de Magasins en Magasins, en leur criant aux oreilles ces deux mots, qui signifient en Langue de Fokien, *vite, promptement*) le Capitaine, dis-je, qui craignoit de perdre la saison propre pour doubler le Cap de Bonne Esperance, faisoit voir son impatience & le desir qu'il avoit de partir. Il leur montroit son Vaisseau carenné, équipé, prêt à mettre à la voile. Ravis de son impatience, ils se hâtoient lentement, & leur interêt justifioit leur lenteur. Lorsqu'ils ont vû enfin qu'on n'attendoit plus que les Marchandises, ils les ont apportées toutes à la fois avec tant de confusion & si peu d'ordre, que nous ne pouvons les visiter, ni reconnoître s'ils ont agi de bonne foi. Nous remarquons déja qu'ils ont eu dessein de nous tromper, & que les soyes crûes de Nankin ont été mouillées à dessein d'en rendre le poids plus considerable. Nous avons crié *au voleur*, mais nos cris n'ont étonné personne. On nous a répondu qu'il falloit laisser secher la soye, & qu'elle seroit ensuite pesée à notre fantaisie. Le traître qui faisoit cette proposition a ajoûté froidement que ce seroit une affaire de deux mois tout au plus. Que vous dirai-je, Mon-

Monsieur, nous sommes encore forcez de baiser la main qui nous assassine. La soye crue, l'objet principal de notre Cargaison est si humide que je suis persuadé qu'elle sera diminuée d'un tiers lorsque nous arriverons en Europe, sans compter le tort que cette eau lui causera. Quant aux étoffes de soye, nous ne les visitons point, & nous nous reposons tranquillement sur la probité des Chinois.

Quoique les Marchands d'Emouy soient tels, & pires encore que je ne vous les ai dépeints, il auroit néanmoins été facile de les contraindre d'agir de bonne foi, par rapport même à leurs interêts. Je n'attribue le mauvais succès de notre négociation qu'à la mesintelligence qui a toûjours regné parmi nous, tant il est vrai que dans les plus petites societez l'union & l'uniformité des sentimens est necessaire : mais il sembloit que le démon de la discorde & de l'envie nous possedoit tous. Si dès le premier jour de notre arrivée chacun avoit voulu accuser la quantité d'argent qu'il avoit, on auroit pû prendre des mesures avantageuses. Chaque particulier auroit dû donner un état des Marchandises qu'il fousouhaitoit; on les auroit jointes à celles de la Cargaison principale, & le Capitaine auroit examiné si son Vaisseau pouvoit contenir la quantité des Marchandises que les particuliers desiroient: on auroit ensuite retranché à un chacun ce qu'il auroit eu de trop gros volume; en un mot on devoit faire la charge du Vaisseau, avant même que la Marchandise fût achetée. Ce n'est pas tout encore: il falloit diviser toutes les Marchandises en plusieurs articles, & donner la commission & le détail de chaque article à une personne en particulier. Par exemple, l'un auroit été chargé de faire l'emplette de toutes les soyeries, l'autre de la broderie, celui-ci de la Porcelaine, celui-là des ouvrages de vernis, &c. sans qu'aucun se mêlât de ces articles, hormis ceux à qui ils auroient été confiez. Ces Commissionnaires, après l'achat des Marchandises, auroient rendu compte de leur emplette. Ce projet étoit d'autant plus aisé à executer que nous étions seuls dans ce Port : par là nous aurions évité l'adresse des Chinois, qui ne concluent jamais promptement, & qui, avant que de se déterminer, veulent connoître à fond la capacité de ceux avec qui ils ont affaire. Loin d'agir de la maniere que je viens d'infinuer, chacun rencheriſſoit ſur l'autre, & les Chinois ont profité de notre avidité. Ce qui me perſuade le plus que nous avons été trompez, eſt que les Marchandiſes que nous avons achetées ſi cheres, ſe vendent aujourd'hui la moitié moins. Une piece de Damas de douze aulnes qui nous a coûté 37. livres 15. ſols ſe vend aujourd'hui 18. livres. Il en eſt ainſi des autres Marchandiſes, mais par malheur nous n'avons plus d'argent.

Lorſque j'aurai le plaiſir de vous revoir, & que l'occaſion ſe preſentera de vous entretenir du commerce de la Chine & des Indes, & des moyens de le faire réuſſir, je vous communiquerai mes idées : pour le preſent je ne vous en dirai pas davantage.

Le 28. du mois paſſé le Mandarin *Titô* revint en cette Ville, où il fut reçû avec la même pompe & les mêmes honneurs que les peuples lui avoient rendus à ſon départ. Empſia ce fameux Négociant, dont je vous ai déja parlé, avoit fait conſtruire ſur la Cime d'une des Montagnes de l'Iſle de Colomſou un Temple de bois & de car-

carton rempli d'artifice, pour honorer le retour de ce Mandarin. Il m'invita à cette fête que je trouvai très-belle & fort au-dessus de ce que j'avois attendu : toute la Montagne étoit illuminée avec beaucoup d'ordre & de symmétrie, & on voyoit sur le Côteau un grand Pagode artificiel, qui changeoit de figure à tous momens, & dont il sortoit un nombre infini de fusées. Les Chinois excellent dans ces sortes de feux d'artifice, & je crois qu'ils l'emportent sur les Espagnols qui se piquent de superiorité dans cet art. Le repas qui suivit cette fête fut magnifique : les tables étoient dressées dans un Pagode, & furent servies avec beaucoup de magnificence. J'obtins cette fois là (chose étrange) la permission de boire du vin frais.

Le Titô nous donna un grand repas deux jours après son arrivée. Son Interprete vint avec douze Lettres de papier rouge, semé de legeres feuilles d'or, & les presenta à chacun de nous en particulier. La substance du compliment étoit qu'il vouloit se regaler avec ses bons amis, & boire avec eux avant leur départ. L'Interprete
ajoû-

ajoûta qu'il falloit payer ce repas par avance, parce que l'usage ne permettoit pas que les conviez payassent à la table du Titô, à moins qu'ils ne fussent Mandarins. Que cela fut vrai ou faux, nous payâmes trois piastres par tête, somme à laquelle l'Intendant du Titô nous avoit taxez pour les frais du repas & de la Comédie.

Le trente nous allâmes au Palais du Mandarin Titô, où nous fûmes introduits par son fils. Nous vîmes en passant par les Appartemens plusieurs femmes qui nous regardoient avec curiosité: nos yeux ne nous servirent gueres, & il étoit impossible qu'ils pussent pénétrer à travers la jalousie, derriere laquelle elles étoient cachées. Le Titô nous reçût en homme qui avoit dessein de nous bien regaler. Il paroissoit à ses yeux & à son air que son voyage l'avoit fatigué; en effet il nous fit des excuses de ce qu'il ne dînoit pas avec nous, & il nous dit qu'à son retour certains excès lui avoient causé une legere indisposition. Il nous quitta après quelques complimens, & ordonna à deux de ses fils de nous tenir compagnie, & de nous montrer les beautez de son Palais & du Château.

Le repas fut long : l'abondance y regna au deffaut de la délicatesse. Les femmes du Titô eurent la permission de nous voir manger, mais nous n'eûmes pas celle de les contempler ; nous les entendîmes seulement de tems en tems faire des éclats de rire, causez (nous dirent nos Interpretes) par la vûe de nos Perruques blondes, & de nos ajustemens.

Après le repas, les fils du Titô nous conduisirent dans les Jardins du Palais & sur les murailles de la Forteresse, d'où l'on pouvoit voir toute l'étendue de la Ville, & une grande partie de l'Isle. Les Jardins ne sont autre chose que plusieurs Terrasses, sur lesquelles on a planté quelques arbres, & où on a construit de petits Cabinets soûtenus sur des colomnes, & ornez de peintures grotesques : tout le reste des Jardins n'est qu'une vaste Prairie, où l'on trouve d'espaces en espaces quelques Berceaux d'arbres pour donner de l'ombrage. Je ne vis rien de rare dans ce Palais, soit dans les Appartemens, soit dans les Jardins : néanmoins les Chinois nous faisoient faire attention aux moindres bagatelles, avec cet empreſſement naturel à tous les Peuples de faire admirer ce qui ſe trouve chez eux.

Cette promenade finit avec le jour. Nous prîmes congé du Titô, & nous le remerciâmes de toutes ſes honnêtetez. Il nous pria d'écrire au R. P. Laureaty que nous étions contens de ſon procedé à notre égard, & qu'il avoit obſervé la promeſſe qu'il lui avoit fait de nous bien traiter.

Le 5. de ce mois j'allai coucher à l'Iſle de Colomſou, où j'avois toûjours conſervé mon petit Appartement dans le Pagode. Je ſoupois avec un de mes amis lorſque mon Hôte le Bonſe entra tout éperdu pour nous avertir que notre Vaiſſeau étoit en feu au milieu du Port. Nous accourûmes ſur le rivage, & nous vîmes en effet un grand Vaiſſeau déja à demi conſumé par les flâmes. La peur nous fit croire d'abord que c'étoit notre Vaiſſeau, mais lorſque cette premiere frayeur fut diſſipée, & que nous conſiderâmes les objets avec plus d'attention, nous reconnûmes à la clarté des flâmes que le feu avoit embraſé une grande Jonque de *Nimpo*, chargée de marchandiſes du Japon. Nos Mariniers (qui craignoient que

que le feu ayant brûlé les Cables de ce Vaisseau, la marée ne le portât sur le nôtre, ou au milieu de deux cens autres Jonques qui étoient dans le Port) nos Mariniers, dis-je, s'embarquerent dans la Chaloupe pour aller essayer d'arrêter cet embrasement; mais les Chinois, par une superstition étrange, ne voulurent point leur permettre d'approcher, parce que leur Dieu, disoient-ils, s'étoit mis sans doute en colere contre le Capitaine de la Jonque, & qu'ayant permis cet incendie, ce seroit une impieté que de s'opposer à ses volontez. Cependant nos Mariniers voyant la perte d'un Vaisseau qu'on auroit pû sauver aisément, & considerant que le flot ne dureroit plus gueres, & qu'au reflux il étoit presqu'impossible que cette Jonque ne fut portée par le courant sur notre Vaisseau, allerent malgré les Chinois couper ses Cables, & ils la remorquerent jusqu'au milieu de la Riviere, d'où elle fut portée sur le rivage de Colomsou, où elle sauta en l'air lorsque le feu eut pénétré aux poudres. La Riviere étoit couverte de Bateaux, & ces Peuples cherchoient à voler tout ce que le feu épargnoit. Je crois qu'ils s'opposerent à la bonne intende nos Matelots moins par resignation à la volonté de leurs Dieux, que par la consideration de leur interêt.

Un jeune garçon avoit mis le feu dans ce Bâtiment par une imprudence la plus grossiere du monde. Les Chinois bâtissent ordinairement sur le haut de la Poupe du Vaisseau une petite Chambre couverte de nattes, où ils mettent leur Idole favorite. Tous les soirs au coucher du soleil ils montent sur le haut de la Poupe, brûlent du papier, & se prosternent plusieurs fois, cérémonie qui est une espece de Sacrifice aux Esprits des eaux, aux vents, &c. Un morceau de papier allumé étant tombé sur les nattes y mit le feu, & ce jeune homme se servit d'aracq, ou d'eau-de-vie pour l'éteindre; le feu s'étant allumé avec plus de violence, se communiqua à la voile qui étoit pliée sur la Poupe, & gagna en peu de tems tout le Vaisseau.

Nous sommes maintenant occupez à embarquer nos Marchandises & nos vivres. Je ne veux point finir cette Lettre sans vous rapporter une nouvelle preuve de la malice des Chinois. Ils ont depuis un mois empoisonné toutes les volailles & les pourceaux qu'ils nous ont dit

dit vendus. Ces animaux meurent si-
tôt qu'ils sont dans le Vaisseau, & nous
en avons perdu un très-grand nombre.
Comme nous nous sommes apperçûs que
les Chinois rôdent autour de notre Vaisseau, & qu'ils enlevent nos poules mor-
tes dès que nous les jettons dans la Mer,
nous avons resolu de leur mettre des pierres au col, dans l'esperance que ne pouvant profiter de leur malice, ils cesseront
de nous tromper. Ces Peuples sont four-
bes dans les moindres choses. Comme
la viande se vend au poids, ils ont soin,
avant que de porter une poule au Marché, de lui faire avaler par force du sa-
ble & de la limure de fer pour en aug-
menter le poids, de sorte que la poule
étouffe une heure après qu'on l'a achetée. Cependant le profit qu'ils peuvent
retirer de cette adresse est peu considerable, car la viande la plus chere ne vaut
que trois sols la livre. Ils vendent aussi
des jambons de bois faits avec tant d'art
qu'il est fort aisé de s'y méprendre, sur
tout si l'on n'en fait pas l'épreuve avec le
coûteau.

Malgré tous ces contre-tems nous
avons embarqué onze cens poules, douze grands pourceaux, vingt-quatre Chevreaux,

vreaux, six Busles, toutes sortes d'herbes & de fruits. Nous avons aussi fait provision de Biscuit, ce que peu de personnes avant nous n'ont trouvé le secret de faire; ensorte que si Dieu daigne nous préserver des dangers de la mer, nous esperons de ne pas mourir de faim.

Nous commençons à ressentir un froid excessif, & je suis surpris qu'un climat où la chaleur est si extrême, puisse être exposé à l'intemperie de l'hyver le plus rude. Nous avons souffert tout cet Eté une chaleur si extraordinaire, que nous étions obligez d'agiter l'air avec un Eventail pour pouvoir respirer : je ne sai à quoi l'on peut attribuer ces extrémitez sous un climat du Tropique, où l'on voit ordinairement un Printems éternel. J'ai de plus remarqué que dans le tems même où la chaleur étoit la plus insuportable, l'air se couvroit tout à coup de nuages épais qui causoient un vent froid, de la grêle & du tonnerre : cette inconstance étoit suivie de maladies, de fievres & rhumes dangereux, surtout dans le mois d'Août & de Septembre.

Le Mandarin Titô nous a envoyé prier de nous retirer incessamment dans notre

AU TOUR DU MONDE. 227

notre Vaisseau, à cause du nouvel an Chinois dont le commencement est prochain, tems auquel les Chinois font mille extravagances. Nous mettrons à la voile au premier beau tems. La joye que je sens de sortir de ce Pays & de me raprocher de ma Patrie & de mes amis, semble me fermer les yeux sur les perils d'une si longue navigation. Je suis, &c.

*Fin du second Volume.*

www.ingramcontent.com/pod-product-compliance
Lightning Source LLC
Chambersburg PA
CBHW071931160426
43198CB00011B/1350